THE COMPREHENSION AND APPLICATION OF EFFECTIVE INSTRUCTIONAL CONSULTING

개정판

수업컨설팅의 이해와 적용

정석기 조미희 지음

박영story

머리말

'교사는 수업으로 말한다?'

교사가 학생들을 아무리 잘 가르친다고 해도 수업을 잘하지 못하면 누구에게 인정을 받겠는가? 수업을 잘하는 것은 모든 교사의 희망이지만 절대로 그냥 되는 것이 아니다. '교사는 수업으로 말한다.'라는 말처럼 교사는 수업을 잘해야 전문직으로서 인정을 받을 수 있다. 다시 말하면 다른 것을 아무리 잘해도 수업을 못하면 교사로서 능력을 인정받기가 어렵다. 교사가 수업전문가가 되기 위해서는 경력만 쌓인다고 되는 것이 아니라 끊임없는 연구와 단련이 뒤따라야 한다. 이때 스스로 연구하고 단련하는 것도 필요하지만 자기보다 수업에 더 전문가적인 위치에 있는 사람들로부터 자문과 지도를 받는 것이 훨씬 쉽고 효과가 클 것이다. 이렇게 자기의 수업을 개선하기 위해 전문 컨설턴트에게 자문과 체계적인 조언을 받는 과정이 수업컨설팅이다.

자기의 수업을 다른 사람들 앞에서 공개하는 분위기가 성숙되지 못한 우리의 교직 풍토에서 수업기술을 향상시키고 수업을 개선하려는 의지가 있는 교사들에게 단순한 장학이나 연수에서 벗어나 체계적이고 지속적인 수업컨설팅을 지원해준다면 학교 내 컨설팅 문화를 조성하여 공개수업에서 오는 부담감을 줄이고 수업의 질을 개선하는데 도움을 주게 될 것이다. 이러한 취지에서 최근 화두가 되고 있는 수업컨설팅에 대해 관련 이론을 살펴보고 컨설팅 모형을 구안하여 실제 수업컨설팅에 적용한 생생한 사례를 통해 독자들이 수업컨설팅을 쉽게 이해하고 현장에 적용하는 데 길잡이가 되도록 하였다.

이 책은 교사의 수업개선과 향상을 목적으로 이루어지는 수업컨설팅을 이해하고 이를 효과적으로 현장에 적용하는 데 도움을 주고자 모두 5장으로 나누어 제시하였다.

제1장은 '수업컨설팅의 기초'로서 컨설팅의 개념, 학교컨설팅 · 장학 · 컨설팅 장학의 의미, 수업컨설팅의 의의와 원리 그리고 컨설턴트의 선정에 관해서 썼다. 제2장은 수업컨설팅의 토대가 되는 수업컨설팅 관련 제 모형들을 탐색하고 수업컨설팅 일반모형(PDIEF 모형)과 예비교사 수업컨설팅 모형(PDDRE 모형)을 제시하였다. 제3장은 '수업컨설팅의 절차와 방법'으로서 일반 수업컨설팅의 절차를 계획 단계, 진단 단계, 실행 단계, 평가 단계, 환류 단계의 다섯 단계로 나누고 각 단계별로 방법을 제시하였다. 또한 예비교사 수업컨설팅 절차를 계획 단계, 자료수집 단계, 진단 단계, 반성적 실행 단계, 평가 단계의 다섯 단계로 나누어 제시하였다. 제4장은 '수업컨설팅의 실제'로서 국어과 수업컨설팅 사례와 사회과 예비교사 수

업컨설팅 사례, 그리고 지원기관의 수업컨설팅 사례를 소개하였다. 제5장은 '수업컨설팅 활성화 과제'로서 수업컨설팅에 참여한 현직 교사와 예비교사의 컨설팅 후기, 수업컨설팅의 효과, 수업컨설팅 활성화 과제에 관해서 썼다.

최근 일선 학교현장에서 장학의 대안으로 컨설팅이라는 용어가 자주 사용되고 있다. 그 가운데서도 교사들이 가장 필요로 하는 수업컨설팅은 큰 관심사이다. 그래서 수업을 잘해보고자 하는 교사들이 매우 궁금해 하는 수업컨설팅을 어떻게 하면 쉽게 이해하고 적용할 수는 없을까? 라는 생각을 하던 차에 수업컨설팅의 기본 이론에 대한 이해를 바탕으로 컨설팅 모형을 구안하여 국어, 영어, 수학, 사회, 과학 등 5개 교과를 중심으로 금학년도에 전남대학교사범대학부설중학교로 전입해온 신임교사 5명과 예비교사(교육실습생) 5명을 대상으로 본교 선생님이 컨설턴트가 되어 수업컨설팅을 실시하였다. 그 가운데 국어과와 사회과의 수업컨설팅 사례를 정리하여 제시하였다.

이 책이 나오기까지 실로 많은 분들의 도움이 있었다. 먼저 실제 수업컨설팅에 참여했던 국어, 영어, 수학, 사회, 과학과의 신임교사를 대상으로 컨설팅을 실시 한 컨설턴트선생님과 5개 교과의 예비교사를 대상으로 컨설팅을 실시 한 컨설턴트 선생님, 특히 컨설턴트로 참여하여 컨설팅을 실시하고 그 결과를 체계적으로 정리하여 수업컨설팅 사례로 제공해준 국어과 김현화 선생님과 사회과 김운곤 선생님, 그리고 의뢰교사로 컨설팅에 참여한 후 후기로 소감을 써주신 국어과 진지숙 선생님과 사범대학 임고운 교생선생님께 깊이 감사드린다. 또 수업컨설팅 PPT 모형도 작성과 원고 교정에 도움을 준 서상원 선생님을 비롯하여 컨설팅을 실행하고 정리하여 책을 쓰는데 도움을 준 여러 선생님들께 깊은 감사를 드린다.

끝으로 이 책의 출판을 기꺼이 맡아주시고 지원을 아끼지 않으신 박영스토리의 안상준사장님과 노현부장님, 그리고 편집을 맡아주신 여러분께 감사를 드린다.

2015년 9월

지은이

차 례

Chapter I

수업컨설팅의 기초

1. 수업컨설팅의 개념
2. 학교컨설팅 · 장학 · 컨설팅 장학
3. 수업컨설팅의 의의
4. 컨설턴트의 선정

CHAPTER I

수업컨설팅의 기초

학교 교육에서 좋은 수업을 위한 방법을 모색하는 일은 어느 교육과정에서나 중요한 영역이 되었다. 수업의 질을 개선하기 위해 더 좋은 수업을 추구하는 교사와 이를 도우려는 움직임은 예전부터 활발히 논의되고 실제로 이루어져왔으며 이러한 일들은 주로 자발적이지 못한 방식인 장학이라는 이름으로 불리며 교사들의 수업을 도와왔다. 그러나 이러한 방식에 문제를 제기하고 그 한계점이 논의되면서 장학의 새로운 개념이 나타나게 되는데 그것이 바로 수업컨설팅이다(서우석 · 류희수 · 여태철, 2008).

수업의 질 개선은 교사 요인 이외에도, 학생, 학교관리자, 교육정책, 교재, 학교 문화 등 수업과 관련된 다양한 요인의 변화를 통해 시도될 수 있다. 그 중에서도 교사 요인을 적절히 고려하지 않는 수업 개선 노력은 성공을 거두기 어렵다. 하지만 수업 환경과 교사 문화의 특성상 교사는 자신의 일상 수업에 대한 다양한 정보와 평가로부터 고립되어 있는 경우가 많다. 따라서 수업컨설팅 활동을 통해 수업의 실행과 관련된 교사의 판단을 검토해주고 조절해주는 협력 과정이 필요하다(한국교육과정평가원, 2006b).

우리나라에서 수업컨설팅이라는 용어가 교육 현장에서 사용된 것은 2000년대 초 한국교육개발원과 서울대학교 진동섭 교수 등에 의해 학교컨설팅에 대한 학문적 논의가 시작된 이후, 그 후속 연구로 2007년 경인교육대학교 특성화 사업단에 의해 수업컨설팅에 대한 연구 개발이 이루어지면서부터라고 볼 수 있다.

근래 좋은 수업을 모색하기 위한 방법으로 수업컨설팅과 더불어 수업 코칭(coaching), 수업 클리닉(clinic), 수업장학, 컨설팅 장학 등 다양한 개념들이 사용되고 있다. 여기에서는 수업컨설팅의 이해를 돕기 위해 컨설팅의 개념, 학교컨설팅과 컨설팅 장학을 알아보고, 나아가 학교 현장에서 새로운 패러다임으로 등장하고 있는 수업컨설팅을 중심으로 살펴보고자 한다.

1. 컨설팅의 개념

컨설팅(consulting)이라는 용어는 consultation(자문, 조언)과 구분하지 않고 사용하고 있다. 컨설팅의 일반적 의미는 일상적으로 조언을 구하거나 제공하는 행위를 가리키는 경우와 의사나 엔지니어 등과 같은 전문가들이 일반적인 사람들이나 특정 전문분야에 실제로 종사하는 사람들을 대상으로 전문적인 조언을 제공하는 행위를 가리키는 경우다(Ibid). 전자의 경우는 일상적으로 경험이 있고 조언을 해 줄 수 있는 위치에 있으면 누구나 컨설턴트가 될 수 있다고 보는 경우이며, 후자의 경우는 특수한 훈련을 받은 전문가로서 컨설턴트가 컨설팅을 하는 경우에 해당된다. 아무튼 컨설팅이 '사람들의 요청에 따라 그들에게 영향을 끼치는 기술'(와인버그, 1986)이라고 본다면 컨설턴트는 영향을 받는 사람의 자발적 참여와 요청을 충족하는 사람이어야 한다.

다른 사람의 도움을 필요로 하는 사람에게 일상적 또는 전문적 조언을 제공하는 활동으로 인식되던 컨설팅은 점차 하나의 전문직으로 발달하게 되면서 그 개념이 정교하게 다듬어지게 되었다.

컨설팅은 그 대상에 따라 '사람'을 대상으로 하는 것과 '조직'을 대상으로 하는 것을 구분하고 있다. 대상이 '사람'인 컨설팅의 대표적인 예는 의료와 정신보건 분야의 컨설팅이다(진동섭 · 홍창남 · 김도기, 2010).

컨설팅이 최초로 제도화된 의료 분야에서의 컨설팅은 환자의 치유를 목적으로 두 의사 사이에 이루어지는 활동을 의미한다. 즉 의사가 환자를 치료하다가 해결할 수 없는 상황에 봉착했을 때, 전문성과 경험을 갖춘 다른 의사(컨설턴트)에게 도움을 의뢰하여 문제를 해결하는 활동을 가리켜 컨설팅이라는 용어를 사용하게 된 것이다(서우석 · 류희수 · 여태철, 2008). 이와 같이 의료 분야와 정신보건 분야 등에서는 컨설팅의 대상이 '사람'이기 때문에, 이러한 유형의 컨설팅은 컨설턴트(consultant), 의뢰인(consultee), 고객(client) 삼자간의 상호작용으로 정의한다(Gallessich, 1982). 따라서 컨설팅의 기본적인 특성은 '의뢰인 또는 고객의 문제에 대한 컨설턴트의 지원활동'이라고 할 수 있다.

Meyers, Parsons, and Martin(1979)은 컨설팅의 특징을 다음과 같이 여섯 가지로 규정하고 있다.

첫째, 컨설팅은 조력이나 문제해결과정이다.

둘째, 컨설팅은 도움을 주는 전문가(helpgiver)와 다른 사람의 행복을 위해 도움을 구하는 사람(helpseeker) 간에 나타난다.

셋째, 컨설팅은 자발적인 관계이다.

넷째, 컨설팅은 도움을 주는 전문가와 도움을 구하는 사람이 문제해결을 분담한다.

다섯째, 컨설팅의 목적은 도움을 구하는 사람(helpseeker)의 당면한 문제해결을 도와주기 위한 것이다.

여섯째, 도움을 구하는 사람은 장래의 문제들이 더욱 민감하고 교묘하게 다루어지는 방법적인 관계에서 이익을 얻는다(Sugai & Tindal, 1993).

한편 컨설팅 대상이 '조직'인 경우는 경영분야이다. 이 분야에서는 컨설팅의 초점이 기업의 '업무'이기 때문에 컨설턴트와 고객 양자 간에 상호작용으로 규정한다(진동섭, 2003a).

이상과 같이 컨설팅은 의뢰인이 도움을 청하는 문제가 '사람'에 관한 것인가, 아니면 '조직'에 관한 것인가의 차이가 있을 수 있지만, 의뢰인이나 고객의 문제에 대해 컨설턴트가 지원해주는 활동이라는 점에서는 동일함을 알 수 있다(진동섭 · 홍창남 · 김도기, 2010).

의료 분야에서 시작된 컨설팅은 근대 산업혁명 이후 금융, 건축, 공학, 법률, 경영, 교육 등 각 분야의 필요에 따라 그 범위와 양상이 확대되고 복잡해졌고, 컨설턴트와 의뢰인의 관계 양상도 문제상황과 계약 조건에 따라 다양하게 변화되었다(서우석 · 류희수 · 여태철, 2008). 컨설팅 관계는 양 당사자 모두 그 관계에 개입 여부를 스스로 결정할 수 있는 자발적인 관계이며, 각자의 책임 영역과 전문성이 다를 뿐 서로 동등한 관계이다. 그리고 컨설팅에 대한 최종적인 책임과 권한은 의뢰인에게 있다. 컨설팅 관계는 의뢰인이 업무 수행과 관련해서 문제나 어려움을 겪게 될 경우, 이를 해결해 줄 수 있는 전문가(컨설턴트)에게 문제의 해결을 의뢰하면서 시작된다. 컨설턴트는 전문적인 지식과 기술을 바탕으로 의뢰인을 도와 문제를 해결한다. 요컨대, 컨설턴트와 의뢰인의 관계는 문제 해결을 위한 자발적이고 일시적인 관계라고 할 수 있다. 어느 분야의 컨설팅이든 간에 컨설턴트는 의뢰인의 문제를 직접 책임지지 않고, 의뢰인으로 하여금 문제를 돕는 것을 원칙으로 한다(진동섭, 2003a).

교육 분야에 있어서 컨설팅은 외국에서는 1950년대부터 사용되었으며, 우리나라에서는 2000년을 전후하여 학교컨설팅에 관한 학문적 · 실제적 관심이 급격히 확산되고 있다(진동섭 · 김효정, 2007). 컨설팅에 대한 사회적 인식이 변화함으로써 최근 교육계에서도 컨설팅에 대한 관심이 높아지고 있으며 학교컨설팅과 함께 수업컨설팅에 대한 연구와 활동이 활발하게 이루어지고 있다.

2. 학교컨설팅 · 장학 · 컨설팅 장학

학교컨설팅(school consulting)은 일반 컨설팅과 특별히 구별할 수 있는 활동이 아니라 의뢰인이 문제해결에 도움을 요청하면 컨설턴트의 컨설팅이 이루어지는 방법과 과정의 기본 구조는 서로 동일하다고 할 수 있다. 다만 학교컨설팅은 그 대상이 학교조직이라는 특수성을 지니고 있기 때문에 다른 조직을 대상으로 하는 컨설팅과는 다른 특성을 가지고 있다.

가. 학교컨설팅의 개념과 원리

학교컨설팅은 일반화된 용어가 아니어서 그 개념을 정의한 자료들을 발견하기가 쉽지 않다. 그러나 학자들이 정의한 것을 정리하면 두 가지 내용으로 요약되는 것 같다. 어떤 경우에는 학생들의 학습과 적응 증진을 위해 학교 교직원들에게 제공되는 전문가들의 심리적, 교육적 서비스를 학교 자문(school consultation)이라는 용어로 사용하기도 하고(Erchul & Martens, 1997), 또 다른 경우에는 학교 교육을 비롯하여 국가 교육체제 전반에 걸친 전문적, 기술적 조언과 의견 제공 활동을 교육컨설팅(educational consulting)이라는 용어로 표현하기도 한다(Lloyd & Packer, 1994). 이러한 용례들에서는 학교컨설팅(school consulting)과 교육컨설팅(educational consulting)의 구분을 명확히 하기 어려울 뿐만 아니라 'consultation'과 'consulting' 사이의 관계도 명확히 하기가 어렵다(서우석 · 류희수 · 여태철, 2008). 그러나 전자나 후자 모두 크게 구분하지 않고 사용하고 있다.

진동섭(2003a)에 의하면, 학교컨설팅이란 학교 교육을 개선하기 위해서 일정한 전문성을 갖춘 사람들이 학교와 학교 구성원들의 요청에 따라 제공하는 독립적인 자문 활동으로서, 경영과 교육의 문제를 진단하고 대안을 마련하며 문제 해결에 필요한 인적 · 물적 자원들을 발굴하여 조직화하는 일이다.

김정원 외(2002)에 의하면, 학교컨설팅은 학교의 요청으로 특별한 훈련을 통해 전문적 자격을 갖춘 사람들이 학교 운영 책임자와의 계약에 따라 독립적이고 객관적인 태도로 학교의 교육 활동과 교육 지원 활동을 진단하여 학교의 장점과 문제점을 확인 · 분석하고, 문제에 대한 해결안을 학교와 함께 모색해 보며, 해결안의 실행에 대한 도움이 요청될 때 도움을 제공하는 활동이다.

한국교육개발원에서 연구된 '학교 교육개혁 지원을 위한 학교컨설팅 사업'(최상근 외, 2000)에서 '학교의 문제들을 진단하는 것을 도와주고, 학교가 그 목적을 달성할 수 있는 방향에서 문제를 해결할 수 있도록 해결책을 제안해 주며, 학교가 그 해결책의 실행에 대해 도움을 요청할 때 도와주는 전문적인 조언 활동'이라고 학교컨설팅을 정의하고 있다.

Erchul과 Martens(1997)는 학교컨설팅을 교사가 학생들의 학습과 적응을 향상시키기 위해 필요로 하는 전문적 지식과 교육적 서비스를 제공하는 협력 과정이라 하였다.

이상의 학교컨설팅에 관한 제 학자들의 정의를 종합해보면 학교컨설팅은 '학교 교육에 대해 일정한 전문적 지식을 갖춘 사람이 학교와 구성원들의 요청에 따라 제공하는 전문적인 자문활동'이라고 할 수 있으며, 이는 '학교 교육 활동에 대한 종합적 진단', '구성원들의 자발적 도움 요청', '전문적 조언'이라는 특징을 갖는다고 볼 수 있다.

학교컨설팅을 하는 데 있어서 준거로 삼아야 할 원리로는 전문성의 원리, 독립성의 원리, 자문성의 원리, 일시성의 원리, 교육성의 원리, 자발성의 원리를 들 수 있다(진동섭, 2003a).

첫째, 전문성의 원리이다.

학교 경영과 교육에 대한 전문적 지식과 기술체계를 갖춘 사람(컨설턴트)에 의해 이루어지는 지도와 조언활동이다.

둘째, 독립성의 원리이다.

컨설턴트가 의뢰인과 대등하고 동등한 관계를 유지하면서 문제해결을 위한 상호 협조 체제를 유지하며 상호작용에 의한 합의에 따라 독립적으로 객관적인 조언과 도움을 제공하는 원리이다.

셋째, 자문성의 원리이다.

컨설팅은 본질적으로 자문활동이다. 즉, 컨설턴트가 지도 · 조언활동으로 문제해결을 위한 자문활동을 함으로써 의뢰인이 자신의 문제를 최종 결정할 있도록 도와주는 역할이 컨설팅의 원리이다.

넷째, 일시성의 원리이다.

일시성의 원리는 의뢰인과 컨설턴트와의 관계가 정해진 기간 동안에 이루어지는 일시적인 관계로서 문제해결이 종료된 후에는 의뢰인이 컨설턴트의 도움을 더 이상 필요로 하지 않도록 만드는 것이다.

다섯째, 교육성의 원리이다.

컨설팅의 전 과정은 컨설턴트와 의뢰인이 교육적 관계로서 두 사람이 대등한 관계에서 자발적인 선택과 협약에 의해 이루어지고 종료된다. 컨설팅 과정에서 의뢰인은 컨설턴트로부터 문제해결에 필요한 지식, 기술, 경험만을 전수받는 것이 아니라 컨설턴트의 역할과 윤리를 학습하게 된다. 이러한 교육적 경험들은 장차 학교컨설턴트로 성장할 수 있는 토대가 된다. 따라서 학교컨설팅은 교육적으로 이루어져야 한다.

여섯째, 자발성의 원리이다.

학교컨설팅은 의뢰인이 자발적으로 나서서 컨설턴트의 도움을 요구함으로써 시작된다. 학교장이나 교사가 자발적으로 나서서 컨설턴트의 도움을 요청하는 자발적 의뢰여야 한다.

학교컨설팅을 성공시키기 위해 학교장은 자신이 컨설턴트가 아니더라도 더 좋은 교육프로그램을 만들기 위해 교내외 컨설턴트와 협력을 촉진하는 방법을 찾아야 한다(Marks, 1995). 그리고 교사들도 컨설팅 역할과 목표를 인식하고 컨설턴트와 더 좋은 상호작용이 가능하도록 해야 한다.

나. 학교컨설팅과 장학

학교컨설팅과 유사한 개념으로 장학이 있다. 장학은 추구하는 목적에 있어서 학교컨설팅과 비슷한 활동으로 모두 교원의 전문성 신장을 통해 교육의 질을 개선하기 위한 활동이다. 그럼에도 불구하고 이 두 가지 활동 사이에는 차이점이 있다. 이윤식(1999)이 정의한 장학을 '교육활동의 개선을 위하여 주로 교원을 대상으로 하여 이루어지는 제반 지도 · 조언 활동'으로 볼 때, 장학은 교사의 전문성을 향상시켜 학교교육의 질을 높이도록 돕는 간접적인 활동이라는 점에서 학교컨설팅과 유사하다.

그런데 이 두 활동은 참여자의 관계, 적용영역, 그리고 결과에 대한 책임소재에 있어서 상당한 차이가 있다. 장학에서 장학담당자인 장학사는 교사들의 상급자 위치에 있다. 그리고 장학은 단위학교나 교육청의 계획에 의해 시행되는 것이 일반적이다. 따라서 교사들의 자발성을 존중하거나 교사들의 필요와 요구를 반영하는데 한계가 있을 수 있다. 학교컨설팅이 의뢰인의 필요와 요구를 충족시키기 위한 자발적인 활동이라는 점에서 볼 때, 장학과는 질적으로 차이가 있다.

활동 영역의 측면에서 볼 때도, 장학과 학교컨설팅은 차이가 있다. 장학이 일반적으로 교사의 직무 수행에 관한 전문성 개발에 초점을 둔 것이라면, 학교컨설팅 영역은 이보다 훨씬 넓다. 즉 학교컨설팅 영역은 의뢰인들이 문제나 과제로 생각하고 도움을 요청하는 모든 영역이다.

활동의 책임에 관해서 보면, 장학 담당자는 학교의 상급 행정기관에 소속되어 있으며 학교의 교육활동에 대해 감독의 책임을 진다. 따라서 장학 담당자는 일정한 방향을 제시하고 지도·평가할 수 있으며, 학교와 교사들에게 순응을 요구할 권위를 갖는다. 이에 비해 학교 컨설턴트는 의뢰자인 교사와 상급자-하급자 관계가 아니라 동료적, 수평적 관계에 있다. 그는 학교의 외부인으로서 학교에게 어떤 행동을 취하도록 지시할 책임과 권한을 갖고 있지 않다. 다만, 컨설턴트는 전문성에 기초해서 제공하는 컨설팅의 질에 대해 책임을 질뿐이다(진동섭, 2003a). 따라서 장학의 한계를 극복할 수 있는 새로운 대안으로서 활발하게 논의되고 있는 학교컨설팅의 특성을 파악하는 것도 학교컨설팅의 하위 유형인 수업컨설팅을 이해하는 데 도움이 될 것이다.

다. 학교컨설팅과 컨설팅 장학

사회와 환경의 변화는 교원의 전문성 계발 활동의 하나인 장학에도 적지 않은 변화를 불러오고 있다. 기존의 집단 장학이 개별 장학으로 변화되는 것, 행정적, 형식적인 장학이 구체적, 방법적 장학으로 변화되는 것, 역할로서의 장학이 과정으로서의 장학으로 변화되는 것 등 장학의 패러다임이 변화되고 있다. 진동섭 · 김도기(2005)는 장학의 새로운 접근 방법으로 학교컨설팅 이론에 주목하고 학교컨설팅 원리를 장학에 접목하면 기존의 장학의 한계를 극복할 수 있다고 보고 새로운 컨설팅 장학의 개념을 탐색하였다. 따라서 학교컨설팅은 컨설팅 장학을 포함하는 상위개념이라고 할 수 있다.

컨설팅 장학은 학교컨설팅의 의미와 원리, 방법을 장학에 적용한 것이다. 학교컨설팅은 자율장학과 많이 유사하다. 그러나 자율장학은 기본적으로 장학 담당자와 교사간의 권위적 위계관계 속에서 이루어지고 교사의 자발성을 최대한 보장하는 방식의 장학이 컨설팅 장학이다. 따라서 컨설팅 장학은 '교원의 자발적 요청과 의뢰를 바탕으로 교수 · 학습과 관련된 전문성을 계발하기 위해 교내외의 전문성을 갖춘 사람들이 제공하는 조언활동'이라고 정의 할 수 있다. 즉 컨설팅 장학은 전문성을 갖춘 장학요원들이 교원의 요청과 의뢰에 따라 그들이 직무 수행상 필요로 하는 문제와 능력에 관해 진단하고, 그것의 해결과 계발을 위한 대안을 마련하며,

대안을 실행하는 과정을 지원 또는 조언하는 활동이다(Ibid.).

컨설팅 장학이 장학의 한 유형이 되기 위해서는 장학으로서 최소한의 성립요건을 갖추어야 하는 데, 이를 장학의 필수구성 요소라고 한다. 여기에서는 학교컨설팅의 구성요소(진동섭, 2003a)를 토대로 진동섭 · 김도기(2005)가 제시한 컨설팅 장학의 목적, 대상, 주체, 과업, 원리 등에 논의한 내용을 중심으로 알아보고, 덧붙여 컨설팅장학의 절차를 알아본다.

1) 컨설팅 장학의 목적

컨설팅 장학의 목적은 교원의 전문성 계발을 통해 학교교육이 질을 높이는 데 있다. 일반적으로 교사들에게는 교육학 전반에 걸친 통합적 안목과 생활지도, 교과교육, 수업기술에 관한 전문성 등 다양한 전문성이 요구된다(박남기, 2000; 고재천, 2001; 정혜영, 2002). 이러한 전문성은 결국 교수 · 학습에 직 · 간접적으로 관련되며 이와 관련된 전문성 계발에 일차적인 목적이 있으며, 이를 통해 학교교육의 질을 개선하는 데 궁극적인 목적이 있다.

2) 컨설팅 장학의 대상

컨설팅 장학의 대상은 장학의 개념을 어떻게 정의하느냐에 따라 달라질 수 있다. 진동섭(2003a)은 컨설팅 장학의 개념을 ‘교원의 자발적 요청과 의뢰를 바탕으로 교수 · 학습과 관련된 전문성을 계발하기 위해 교내외의 전문성을 갖춘 사람들이 제공하는 조언활동’이라고 규정했다. 따라서 이와 직 · 간접적으로 관련된 문제나 과제가 컨설팅 장학의 대상이 된다. 즉 교사의 교수 · 학습에 직접적으로 관련된 문제 혹은 과제와 교수 · 학습에 간접적으로 관련된 문제, 예를 들면, 교과지도, 생활지도, 학급경영, 특별활동지도 등이 컨설팅 장학의 대상이 된다. 이러한 컨설팅 장학의 대상과 관련지어 볼 때 수업컨설팅은 학교컨설팅과 컨설팅 장학의 하위 개념임을 알 수 있다.

3) 컨설팅 장학의 과업

컨설팅 장학의 가장 중요한 과업은 교원이 필요로 하는 전문적 도움을 통해 그들의 전문적 성장과 발달을 돕는 것이다. 교원의 전문적 성장과 발달을 돕기 위한 구체적인 과업으로는, 첫째, 의뢰 교사에 대한 정확한 진단, 둘째, 의뢰 교사의 문제를 해결할 수 있는 방안의 구안과 방안 실행에 필요한 직 · 간접적인 지원, 셋째, 의뢰 교사를 대상으로 한 교육이나 훈련 실시, 넷째, 컨설팅 장학 우수사례의 발굴 및 비슷한 어려움에 처한 교사들에 대한 문제 해결 사례와 정보 제공 등이 있다.

4) 컨설팅 장학의 의뢰인

컨설팅 장학의 의뢰인은 교원(교장, 교감, 교사)이 해당되나 주로 교사가 된다. 교사들은 그들의 교수 · 학습에 직 · 간접적인 영향을 미치는 모든 문제나 과제에 대해 도움을 요청할 수가 있다.

5) 컨설팅 장학요원

장학을 보는 관점에는 역할(role)로 보는 관점과 과정(process)으로 보는 관점이 있다(이윤식, 1999). 컨설팅 장학은 이러한 관점

중에서 과정으로서의 관점을 취한다. 따라서 컨설팅 장학에서는 원칙적으로 의뢰인의 문제를 해결하는 데 전문적인 지원을 할 수 있다면 누구나 장학요원이 될 수 있다.

그러나 컨설팅 장학에서는 컨설팅 장학요원과 의뢰인 사이의 편안하고 수평적인 관계가 매우 중요하다. 그런 점에서 원활한 수평적 의사소통이 가능하고 교사들이 가장 선호하는 동료교사가 유력한 장학요원 후보이다(진동섭, 2003b). 초등학교에서는 동학년교사, 중등학교에서는 동교과교사가 가장 유력한 장학요원 후보이다.

6) 컨설팅 장학 팀(관리자)

일반 컨설팅에서는 의뢰인이 컨설턴트를 직접 찾아가거나, 반대로 컨설턴트가 의뢰인을 찾아가 계약을 함으로써 컨설팅이 시작된다(조민호 · 설증웅, 1999; 한종극 · 정태연 역, 2000; 홍창남, 2002; 진동섭, 2003a). 그런데 학교 조직에는 공개적으로 도움을 주고받는 문화가 정착되어 있지 않다(이창형, 1994; 김병찬, 1995; 강영삼, 1998). 그러므로 컨설팅 장학에서는 도움을 받고 싶은 교사와 도움을 줄 수 있는 전문성을 갖춘 교사들을 연결시켜 주는 고리가 필요하다. 이 연결 고리의 역할을 하는 사람 혹은 팀을 컨설팅 장학 관리자라고 한다. 이것은 컨설팅 장학의 마지막 구성 요소이다. 컨설팅 장학 팀은 새로 조직하거나 교내 자율장학 위원회, 장학협의회 등의 기존 조직을 전환하여 활용할 수도 있다.

7) 컨설팅 장학의 절차

□ 컨설팅 장학의 일반 절차

절차	주체
컨설팅 요청서 제출	희망 학교 또는 교원
⇩	
컨설팅 위원 선정	컨설팅 장학지원단 ※ 요청 내용에 따라 전문 컨설팅 팀 조직
⇩	
컨설팅 실시	컨설턴트의 진단, 개선 방안 제공 및 조언
⇩	
컨설팅 적용	해당 학교 또는 교원
⇩	
컨설팅 보고서 제출	의뢰인, 컨설턴트
⇩	
컨설팅 피드백	해당 학교 또는 교원

* 자료: 광주광역시교육청(2011). '컨설팅 장학의 절차' 내용 수정 보완

□ 컨설팅 장학의 세부 절차

① 준비
- 컨설팅 장학 지원단 구성
- 컨설팅 장학 계획 수립
- 컨설턴트 인력풀(컨설팅 세부 내용 별 컨설팅 위원) 구축
- 컨설턴트 연수 및 팀별 협의
- 학교 컨설팅 활성화를 위한 관계자 연수 등

② 진단
- 희망 학교 또는 교원이 제출한 요청서에 컨설팅 주제 및 소주제에 대한 배경(실태, 현황)이 컨설턴트 구성 및 문제 진단에 어려움이 있을 경우, 필요한 자료 요구 및 현지 방문조사
- 의뢰인과 컨설턴트 간의 대면과 의뢰 문제에 대한 정밀 진단 : 각종 자료 수집 및 분석
- 진단 결과를 의뢰인에게 전달 등

③ 해결방안 개발 선택
- 진단 결과에 따른 다양한 해결 방안 개발
- 개발된 해결 방안을 의뢰인에게 제안 등

④ 실행
- 컨설턴트로부터 제안 받은 해결 방안을 의뢰인이 직접 실행

⑤ 정착 및 심화
- 의뢰인의 문제가 해결되면 컨설팅 장학 종료
- 의뢰인과 컨설턴트는 컨설팅 정보 공유를 위해 컨설팅 장학 결과 보고서를 각각 작성하여 제출
  * 의뢰인은 컨설팅 적용과정 및 성과
  * 컨설턴트는 컨설팅 방법과 성과 등

3. 수업컨설팅의 의의

수업컨설팅(instructional consulting)은 학교컨설팅의 하위 개념이자 한 유형이다. 우리나라에서 수업컨설팅에 관한 연구는 수업컨설팅 지원 프로그램을 개발한 한국교육과정평가원에서 시작되었다고 할 수 있다. 한국교육과정평가원은 2002년부터 2004년까지 수업컨설팅에 관한 선도 자료 개발에 주력하였고 교수·학습 센터 사업을 시작하였다. 또한 경인교육대학교에서는 2006년부터 각 교과 및 주제별로 수업컨설팅 프로그램 및 교재를 개발하여 수업컨설팅 적용을 위한 구체적인 연구를 진행시켰다고 볼 수 있다.

여기에서는 수업컨설팅의 개념, 원리, 인적요소를 중심으로 살펴보고자 한다.

가. 수업컨설팅의 개념

최근 수업컨설팅에 대한 관심이 점점 높아지고 있으나 학자들에 따라 관점이 달라 그 개념 또한 다양하여 한 마디로 정의하기는 어렵다.

진동섭(2003a)은 수업컨설팅이란 '교사의 수업활동에 초점을 맞춘 학교컨설팅'이라고 정의하고 있다.

이화진·오상철·홍선주(2007)는 수업컨설팅이란 '의뢰 교사가 문제를 의뢰하면, 컨설턴트 교사가 수업 전문성 기준과 수업관찰이나 면담, 자료 등에 기초하여 문제점을 확인하고, 수집된 객관적 자료를 분석하여 문제와 관련된 교사의 수행 수준을 진단하고, 진단 결과에 대해 적절한 조언과 처방을 내리는 일련의 문제해결력의 지원과정이다'고 정의하고 있다.

이용숙(2007)은 수업컨설팅이란 '수업 능력이 이미 검증된 교사들이 동료 교사들의 수업을 개선하도록 도와주는 활동인데, 지도보다는 상담에 초점을 두고 있으며, 장학에 비해 의뢰 교사와 컨설턴트가 더 평등하면서 상호작용적인 관계에 있다'고 정의하고 있다.

설규주(2007)는 수업컨설팅이란 '실제 수업상황 속에서 수업의 한 주체로서의 교사의 고민, 필요, 딜레마 상황 등에 초점을 맞추어, 수업자 자신, 동료 교사, 외부의 수업컨설팅 전문가 등이 협력하여 지속적으로 수업에 대한 진단, 처방, 실행을 통해 실질적인 개선을 이루어가는 자기주도적인 전문성 신장의 과정'이라고 정의하고 있다.

이상과 같이 몇몇 학자들의 정의를 종합해 볼 때, 수업컨설팅은 학교컨설팅의 한 맥락에서 '수업개선을 위해 이를 필요로 하는 교사 또는 의뢰인의 요구에 의해 수업전문가인 컨설턴트가 수업에 대한 문제점을 진단하여 개선에 필요한 자문을 해주는 과정'이라고 볼 수 있다.

이상의 개념에서 보는바와 같이 일반적으로 수업컨설팅은 수업 능력이 이미 검증된 교사들이 동료 교사들의 수업을 개선하도록 도와주는 것을 의미하는 경우로 사용되는 경우가 많아 기존의 수업 장학이나 동료 장학과는 구별된다.

기존의 수업 장학은 주로 교장, 교감, 장학사 등 손윗사람이 손아랫사람을 지도하는 일로 인식되는 경향이 있고, 동료 장학은 대부분 직위가 더 높은 교사가 단시간 동안 일방적으로 조언을 해주는 방식으로 이루어졌다. 이에 비해서 수업컨설팅은 지도보다는 상담을 해주는 것으로, 장학에 비해서 두 교사(또는 전문 상담자와 교사)가 더 평등하면서 상호작용적인 관계를 맺는 것을 전제로 하여 컨설팅을 받는 교사가 수동적으로 지도조언을 받는 것이 아니라, 적극적으로 자신이 당면한 어려움이나 문제점을 컨설턴트에게 알리고 그 문제를 해결하기 위한 상담을 비교적 장시간에 걸쳐 여러 번 하는 것이다(이용숙, 2007; 서우석 · 류희수 · 여태철, 2008).

수업컨설팅의 목적은 교사의 수업 개선과 수업 향상이다. 수업과 관련하여 문제를 안고 있는 교사가 컨설팅을 의뢰하면, 컨설턴트는 이에 대한 다양한 해결 방안을 개발하여 의뢰인에게 제공하고, 의뢰인은 컨설턴트가 제안한 해결 방안을 실행에 옮겨 자신의 문제를 해결한다. 이를 통해 의뢰 교사의 수업 개선과 수업 향상이 이루어질 것이다.

이러한 수업컨설팅의 개념과 목적에 비추어 수업컨설팅이 효과적으로 이루어지기 위한 방향을 이용숙(2007)은 다음과 같이 제시하고 있다.

첫째, 가능한 한 다양한 자료가 상호 연계되도록 활용함으로서 여러 차례의 연계된 컨설팅이 의미 있게 이루어지도록 한다.

둘째, 수업의 문제점 발견이나 교사와의 의사소통을 효율적으로 할 수 있게 만드는 체계적 분석방법들을 수업컨설팅에 활용하도록 한다.

셋째, 교사의 자발성에 바탕을 둔 상호작용적 컨설팅이 되도록 한다.

나. 수업컨설팅 원리

수업컨설팅이 학교컨설팅의 한 영역이기 때문에 수업컨설팅 원리도 학교컨설팅의 원리와 별로 다른 점이 없다. 서우석 · 류희수 · 여태철(2008)은 수업컨설팅의 원리를 다음과 같이 여섯 가지로 제시하고 있다.

1) 자발성의 원리

수업컨설팅은 의뢰인이 자발적으로 나서서 컨설턴트의 도움을 요청함으로써 시작되어야 하며, 타인이 컨설팅을 권유하는 경우에도 최종 의뢰 주체는 당사자이어야 한다.

2) 전문성의 원리

수업컨설팅은 수업에 대한 전문적 지식과 기술 체계를 갖춘 수업컨설턴트들에 의해 이루어지는 조언 활동으로, 컨설턴트가 의뢰된 과제해결을 지원해 줄 수 있는 실제적 전문성을 갖추어야 한다.

3) 독립성의 원리

의뢰인과 컨설턴트는 대등하고 동등한 관계를 유지하면서 누구의 영향력으로부터도 자유로워야 되며, 문제 해결을 위한 상호 협조 체제를 유지해야 한다. 그리고 컨설턴트는 전문성에 기초해서 독립적으로 객관적인 조언과 도움을 제공한다.

4) 자문성의 원리

컨설팅은 본질적으로 자문활동이어야 한다. 컨설턴트가 의뢰인의 문제를 대신 해결해주는 것이 아니라 조언으로 문제 해결을 위한 자문활동을 함으로써 의뢰인이 자신의 문제를 스스로 해결하도록 도와주는 역할을 한다.

5) 한시성의 원리

컨설팅은 정해진 기간 동안 이루어지는 한시적인 활동으로 일단 의뢰한 문제가 해결되면 컨설팅 관계가 종료되어야 한다. 그리고 과제 해결에 대한 컨설턴트의 책무성과 의뢰인의 노력을 극대화해야 한다.

6) 학습성의 원리

의뢰인에게는 컨설팅의 전 과정이 컨설팅 자체에 관한 학습의 과정이 된다. 여기에서 얻은 교육적 경험들이 차후에는 의뢰인이 학습컨설턴트로서 성장할 수 있는 토대가 된다.

다. 수업컨설팅의 인적 요소

1) 의뢰인

수업컨설팅은 수업 개선을 통해 교사의 전문성을 신장하기 위한 것이므로 수업컨설팅에서 의뢰인은 기본적으로 교사가 된다. 수업컨설팅의 취지를 살리기 위해서는 자발적, 능동적인 의뢰와 참여가 필요하기 때문이다. 그러나 학교를 운영하는 장이나 해당 학교가 소속되어 있는 교육청이 의뢰인이 될 수도 있다. 또한 교원양성기관에 재학 중인 예비교사도 수업컨설팅의 잠재적인 의뢰인이라고 할 수 있다(Ibid.)

2) 컨설턴트

컨설턴트란 학문적 지식과 현장 경험을 통하여 의뢰인의 문제를 분석하여 조언을 제공함으로써 의뢰인의 경쟁력 강화를 도와주는 전문가를 말한다. 컨설턴트는 직접 문제를 해결하는 것이 아니라 의뢰인이 문제를 해결해 나갈 수 있도록 도와주는 객관적인 조언자라고 말할 수 있다. 수업 컨설턴트의 선정은 다음에 더 자세히 살펴보기로 한다.

3) 수업컨설팅 관리자

수업컨설팅이 이루어지려면 도움을 받고 싶은 교사와 도움을 줄 수 있는 컨설턴트를 연결시켜주는 고리가 필요하다. 이 연결 고리의 역할을 하는 사람 혹은 조직을 컨설팅 관리자라고 한다.

수업컨설팅 관리자는 수업컨설팅의 전반적인 과정을 관장하고 원활한 컨설팅 진행을 지원하는 전문가로, 의뢰인은 컨설팅 관리자에게 컨설팅을 의뢰하며 컨설턴트는 컨설팅 관리자를 통해 의뢰인을 만난다. 즉 컨설팅 관리자의 역할은 의뢰인과 컨설턴트의 연결, 의뢰인과 컨설턴트에 대한 지원 등이 있다.(진동섭 · 홍창남 · 김도기, 2010).

교내에서 실시하는 수업컨설팅의 경우에는 교장, 교감, 특정 교사가 컨설팅 관리자의 역할을 수행할 수 있고, 시 · 도교육청에서는 수업지원단이 컨설팅 관리자의 역할을 수행할 수 있다. 이와 같은 수업컨설팅의 인적 요소는 수업컨설팅 모형을 설명할 때 더 자세하게 다루기로 한다.

라. 수업컨설팅의 유형

1) 과제의 성격, 접촉 방식, 지원 주체에 따른 수업컨설팅

수업컨설팅은 과제의 성격, 의뢰인과 컨설턴트의 접촉 방식(컨설팅 방식), 지원 주체(컨설팅관리자)의 성격 등에 따라 여러 유형으로 구분할 수 있으며, 각 유형에 따라 수업컨설팅은 각기 다른 모습을 지닌다. 여기서는 ① 과제의 성격에 따라 교과별 수업컨설팅, ② 접촉 방식에 따라 온라인과 오프라인 수업컨설팅, ③ 지원 주체에 따라 전국단위, 시도교육청단위, 교과연구회단위, 학교단위 수업컨설팅 등으로 구분하고, 각 유형의 특징을 간략히 설명하기로 한다(진동섭 · 홍창남 · 김도기, 2010).

□ 교과별 수업컨설팅

교과별 수업컨설팅은 가장 흔히 활용되는 수업컨설팅 유형 구분방법이다. 수업컨설팅 과제가 어느 교과인지에 따라 국어과 수업컨설팅, 수학과 수업컨설팅, 음악과 수업컨설팅 등으로 구분하는 방식이다. 초·중등학교에서 대부분의 수업은 교과 단위로 실시된다는 점에서 수업컨설팅의 기본단위는 교과별 수업컨설팅이라 할 수 있다.

교과별 수업컨설팅에서 새롭게 생각해볼 것이 교과별 내용 교수법이다. 교사가 지닌 교수(teaching)에 대한 고유한 지식 기반을 슐만(Shulman, 1987)은 내용 교수법(PCK: Pedagogical Content Knowledge, 교과교육학 지식)라고 불렀다. 즉, 교사들이 교과내용 지식을 알고 이해해야 할뿐만 아니라, 특정 내용을 효과적으로 가르치는 방법도 알아야 한다고 주장하면서 PCK라는 표현을 처음 사용하였다. PCK란 결국 특정 내용을 해당 학생들의 이해를 촉진할 수 있도록 가르치는 방법에 대한 교사의 지식을 말한다. 달리 표현하면, 교과내용을 학생들이 잘 이해할 수 있도록 표현하고 공식화하는 방법, 즉 '교사가 학생들이 잘 이해할 수 있도록 내용지식(주제, 개념, 원리 등)을 지도하는 교수방법'에 대한 지식이다. 다시 말하면 PCK는 교사들이 가르치고자 하는 교과에 대한 지식인 CK(contents knowledge)와 수업설계, 수업 실행, 수업 평가 등을 하위 영역으로 하는 교수법인 PK(Pedagogical Knowledge)가 결합된 개념이다. PCK에는 주제, 절차 및 개념에 대한 상당량의 교과내용 지식 및 이들 간의 관계에 대한 이해가 포함된다.

잘 발달된 PCK를 갖춘 교사는 학생들이 잘못된 이해를 방지하면서 심층적인 이해를 촉진할 수 있는 능력을 가지고 있다(한국교육과정평가원, 2006a). 주어진 내용영역에서 학생들의 학습을 촉진할 수 있는 성공적인 교사는 해당 내용 영역에 대한 잘 발달된 PCK를 지니고 있는 것으로 간주된다. 유능한 교사는 교과내용을 학생들의 이해할 수 있는 형태로 변환시킨다. 그러기 위해 교사들은 교수법적 지식(교수학습 방법에 대한 지식)을 활용하여 구체적인 교과내용 맥락에 맞추어 교수법적 지식을 변경함으로써 PCK를 개발하게 된다(곽영순 외, 2007). PCK는 본질적으로 교과내용에 따라 달라지므로, 교과내용에 고유한 교수법(content-specific pedagogy)이라고도 표현된다.

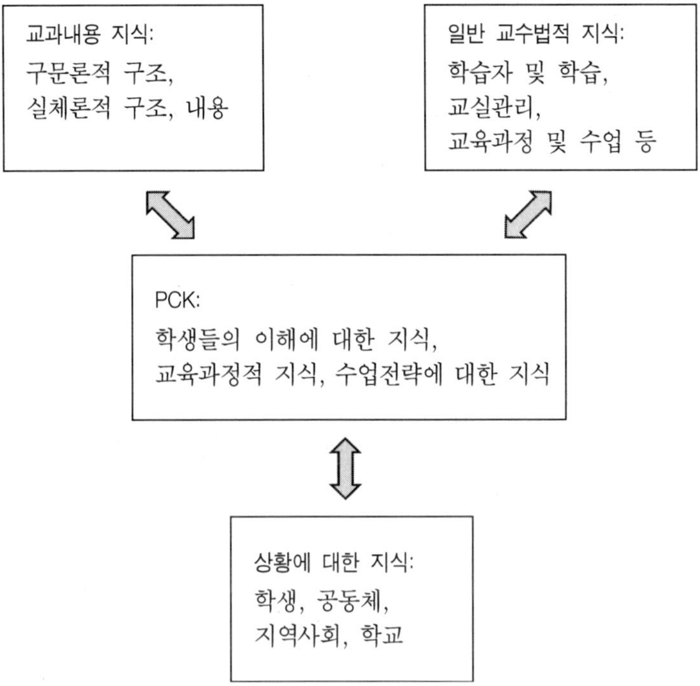

[그림 1-1] 교사 지식의 구성 영역들

* 자료: 한국교육과정평가원(2006a). 과학과 수업컨설팅 및 내용교수법(PCK) 연수 교재. p.10.

슐만을 비롯하여 여러 학자들이 파악한 교사지식을 구성하는 범주들(domains of teacher knowledge)과 PCK와의 상관관계를 나타내면 위 [그림 1-1]과 같다.

위 그림은 교사지식에 대한 연구와 교육 관련 논문들을 기초로 교사 지식의 영역들을 재구조화한 것이다. PCK에 기여하는 지식 영역들은 다음과 같다(한국교육과정평가원, 2006a).

① 교과내용 지식: 교과별 구문론적 구조, 교과의 실체론적 구

조, 교과별 학문의 본성

② 일반 교수법적 지식: 학습자 및 학습, 교실 관리, 일반 교육 과정 및 수업, 평가 절차 및 결과에 대한 평가, 교육 목적, 목표 및 가치

③ 상황 지식: 구체적인 상활에 대한 지식(해당교실, 학생들), 일반적인 교육 상황에 대한 지식(국가 수준, 지역 사회, 공동체, 학교, 졸업생들)

교과 수업컨설팅에서는 이와 같은 교과별 내용 교수법(PCK)의 영역들(교과 내용지식, 일반 교수법적 지식, 상황 지식)을 이해하고 적용하여 실제 교실에서 일어나는 수업 상황을 중심으로 문제점을 진단하고 해결책을 제시하거나 교사 스스로 해결책을 찾도록 안내하는 활동이 중심이 된다.

□ 접촉 방식별 수업컨설팅

수업컨설팅이 실행되는 과정에서 의뢰 교사와 컨설턴트가 어떤 방식으로 접촉하느냐에 따라 온라인 수업컨설팅, 오프라인(면대면) 수업컨설팅 등으로 구분할 수 있다. 가령, 의뢰 교사와 컨설턴트가 직접 만나지 않고 인터넷 게시판이나 이메일, 전화, 팩스, 인터넷 메신저 등을 통해 컨설팅을 하면, 이것이 온라인 수업컨설팅이다. 반면, 온라인 방식이 아닌 나머지 수업컨설팅은 오프라인 수업컨설팅에 해당한다.

온라인 수업컨설팅의 대표적인 사례는 에듀넷의 수업컨설팅이다. 오프라인 수업컨설팅이라고 하여 온라인이 전혀 활용되지 않는 것은 아니다. 오프라인 수업컨설팅에서도 컨설팅 의뢰 시점이

나 컨설팅이 진행되는 과정에서 부분적으로 온라인이 활용된다. 이를 온오프 혼합 수업컨설팅이라고 할 수도 있다.

□ 지원 주체별 수업컨설팅

수업컨설팅 관리자의 역할을 누가 수행하느냐에 따라 수업컨설팅의 유형은 전국단위 수업컨설팅, 시·도교육청단위 수업컨설팅, 학교단위 수업컨설팅, 교과연구회 수업컨설팅 등으로 구분할 수 있다. 여기서는 전국단위 수업컨설팅, 시도교육청단위 수업컨설팅, 학교단위 수업컨설팅에 대해 언급한다.

첫째, 전국단위 수업컨설팅은 의뢰 교사와 컨설턴트를 연결시켜주는 수업컨설팅관리자의 역할을 전국단위의 기관에서 수행하는 유형이다. 한국교육정보원은 온라인을 통해 수업컨설팅을 수행하고, 지식 교류를 통해 수업 개선의 아이디어를 공유하고 축척하는 방식의 에듀넷 중앙 교수·학습센터를 운영하고 있는데, 이것은 전국 단위로 이루어지는 수업컨설팅의 전형적인 예라할 수 있다.

둘째, 시·도교육청단위 수업컨설팅은 의뢰 교사와 컨설턴트를 연결시켜주는 수업컨설팅관리자의 역할을 시·도교육청이나 시도교육청의 산하 기관에서 수행하는 유형이다.

셋째, 학교단위 수업컨설팅은 의뢰 교사와 컨설턴트를 연결시켜 주는 수업컨설팅관리자의 역할을 학교 내부의 인사가 수행하는 유형이다. 이 유형에서는 의뢰인과 컨설턴트가 주로 학교 내부에 존재한다.

2) 다양한 자료를 활용한 수업컨설팅

우리나라와 미국의 수업컨설팅에서는 다음과 같은 4가지의 자료들 중 한 가지 또는 두세 가지 방법이 활용된다(이용숙, 2007).

□ 수업 계획안(교수 · 학습 과정안) 분석을 토대로 한 컨설팅

수업컨설팅의 여건상 실제 수업을 관찰하거나 학생들과 면담을 할 수 없을 경우 실시하는 컨설팅으로 계획안으로 수업을 분석하는 컨설팅이다. 수업자(의뢰인)가 작성한 수업 계획안을 수업 상담자(컨설턴트)가 분석한 후 이를 토대로 필요한 상담을 한다. 어떤 경우이든 개선을 위한 자문의 내용을 반영하여 수정된 수업계획안은 다시 수정이 필요한 경우가 많으므로, 수업계획안 컨설팅은 2회 이상 이루어지는 것이 바람직하다. 실제 수업을 보고 상담하는 것이 아니므로 구체적이고 자세한 수업 설계안을 제시해야 의미 있는 상담이 가능하다. 수업계획안에서 반드시 제시되어야 할 요소들로는 핵심적인 학습목표, 학생들의 특성과 수업의 상황이 드러나는 수업 배경, 교과서와의 관계, 학습 내용과 학습 집단 구성방식, 학습 구조, 학습활동, 수업시간 활용 방법(시간 계획, 과·부족시 대안), 가정 학습과제, 평가 계획 등 충분한 내용이 제시되어야 한다.

□ 수업 녹화자료(비디오테이프)를 토대로 한 컨설팅

수업자와 수업 상담자가 어느 수업을 녹화하는 것이 가장 바람직한지에 대해서 서로 논의한 후, 수업상담자 또는 수업 녹화 담당자가 가장 분석이 가능한 수업의 전체과정을 녹화한다. 상담자는 사전에 분석한 후에 교사와 함께 이를 다시 보면서 필요한 상담을 하는 것이 일반적이다.

이를 더 효과적으로 하기 위해서는 수업교사가 자신의 수업 녹화자료를 먼저 본 후에 스스로 반성적인 분석을 해보도록 하고, 교사의 반성과 상담자의 조언을 비교하면서 녹화자료를 보는 것이 좋을 것이다. 만약 녹화자료를 보는 것이 불가능하다면, 서로의 분석 결과를 교환한 후에 필요한 질문이나 의견교환을 간단히 할 수도 있는데, 이 때 면대면 면담만이 아니라, 전화 면담이나 전자메일 면담도 가능하다.

교사 자신이 스스로의 수업 비디오 분석을 할 때는 미국의 NewYork University 교수학습개발센터에서 제시한 다음과 같은 지침을 참고하면 좋을 것이다.

① 녹화자료(비디오 테이프)를 보기 전에 자신의 수업 목적이 무엇인지 분명하게 질문하기
② 수업의 큰 그림을 그려보기
③ 수업이 학생들의 학습을 돕고 있는지에 초점을 맞추기
④ 가장 좋은 교수 방법 찾기
⑤ 수업분석을 위한 기본적인 질문들에 답하기
⑥ 구체적인 질문에 답하기

□ 학생 피드백을 토대로 한 컨설팅

수업에 대해서 가장 잘 알고 있는 것은 학생들이므로 교사의 수업 내용에 대한 학생들의 피드백을 수업컨설팅에 활용하는 방법이다. 이는 주로 일부 대학에서 활용하고 있는 방법으로서 초등의 고학년이나 중등학교에서도 교사의 의지와 자발성이 전제된다면 선별적으로 적용할 수 있을 것이다.

① 학습일지의 활용이다. 현재 많이 사용되고 있는 것은 교사들이 개인적으로 수업시간 중에 작성하도록 해서 활용하는 학습

일지다. 학습일지는 학기 중에 수시로 활용할 수 있으며 학습일지의 작성 자체가 학습능력 향상에 도움이 되기 때문에 교사들의 수업반성과 학생들의 학습이해도 파악을 위한 자료로서 그 활용이 크게 늘어나고 있다. 예를 들어, 분석 대상이 되는 수업의 마지막에 5~10분 정도를 할애하여 질문을 제시하고 이에 답하는 방식의 학습 일지를 쓰도록 하여 분석하는 방법이다.

예로, 다음과 같은 질문에 답하는 형식의 학습일지를 쓰도록 한다.

- 오늘 수업에서 무엇을 배웠다고 생각하는가?
  (그렇다면) 그 중 가장 중요한 것은 무엇인가?
  (아니라면) 그 이유는 무엇이라고 생각하는가?
- 수업 중에 선생님은 나의 (또는 우리의) 학습을 어떤 방법으로 도왔는가?
- 공부가 더 잘 될 수 있도록 이 수업에 변화를 가져올 수 있다면, 어떤 것을 바꾸고 싶은가? 왜 그렇게 생각하는가?

위와 같은 학습일지는 한 차시에 대해서 쓸 수도 있지만, 한 단원 대한 학습이 끝난 시점에서 그 단원 전체에 대한 학습일지를 쓰도록 하는 것이 더 유용할 수도 있다.

학습일지를 활용한 컨설팅 방식은 전체 컨설팅에 허용된 시간에 따라 달라질 수 있다. 시간이 제한된 경우라면 상담자가 학습일지를 걷어서 분석한 후에 교사에게 돌려주어 수업개선에 참고하도록 한다. 시간제한이 없다면 교사가 먼저 학습일지를 읽고 '소감 및 반성'을 쓰도록 한 후에 수업 상담자에게 제출하도록 하거나, 교사와 상담자가 각각 분석을 한 후에 그 결과를 비교할 수도 있다.

② 학기 중 학생 소집단 토론 결과를 활용하는 방법이다. 이는 학기 중간에 수업 상담자가 교실을 방문하여 학생들에게 수업에 대한 의견을 묻는 방법이다. 수업 마지막 10~20분 정도의 시간을 할애 받는 것이 일반적이다. 상담자는 학생들에게 아래와 같은 질문을 제시하고(보통 칠판에 기록), 6명 정도의 소그룹끼리 각 질문에 대한 답을 토론하도록 하면서, 한 명이 종이에 기록하도록 한다(이때 보통 10분 내외의 시간을 준다).

상담자가 학생들에게 질문한 내용은 다음과 같다.

- 수업시간에 교사는 어떤 방식으로 학습을 도왔는가?
- 수업에서 학습이 더 잘되도록 할 수 있는 변화가 있다면, 어떤 변화를 제안하겠는가?
- 이 수업에서 무엇을 배우고 있는가? 그렇다면 왜 그렇게 생각하는가? 아니라면 그렇게 생각한 이유는 무엇인가?

소집단별로 토론이 끝나면 토론 결과를 발표하도록 한다. 상담자는 사회를 보면서 답변내용을 기록하고 조별 토론 내용도 걷어서, 이 두 가지 기록을 토대로 보고서를 작성하도록 한다. 보고서 작성 후에는 교사와 의견교환을 하거나 필요한 조언을 해준다.

□ 수업 관찰기록을 토대로 한 컨설팅

수업컨설팅에서 수업관찰을 토대로 한 상담은 사전면담, 수업관찰, 사후면담(상담)의 3단계로 이루어진다.

상담자와 교사가 수업 전에 만나거나 전화로 사전면담을 실시한다. 사전 면담을 통해 상담자와 교사는 수업의 관찰 초점을 어디에 둘 것인지 협의하여 정한다. 그다음, 그에 따라 수업 관찰자(상담자)는 수업을 관찰하면서 수업 녹화도 병행한다. 관찰자는 수업내용과 방법, 학생들의 참여 방식과 참여정도, 학생들의 반응, 질문이나 제언, 수업에 대한 느낌 등을 기록한다. 수업 관찰이 끝나면 사후면담(상담) 약속을 하고 헤어진다. 마지막으로, 사후 면담은 한 시간 이상이 되도록 잡는다. 상담시간은 교사가 하고 싶은 말을 먼저 충분히 하고, 긍정적인 부분부터 언급하는 등 교사가 편안하게 대화할 수 있는 분위기를 조성한다. 또한 개선이 필요한 부분의 피드백 제공과정에서 교사가 언제라도 질문을 할 수 있도록 하고, 같이 대안을 토론하는 등 교사와 긍정적인 상호작용이 이루어지도록 한다.

4. 컨설턴트의 선정

컨설팅을 받아보려고 해도 막상 어떤 컨설턴트에게 컨설팅을 받아야 좋을지 망설여진다. 의뢰인이나 컨설팅을 받는 사람의 입장에서 전문컨설턴트로서 지식, 기술, 태도를 갖춘 사람이 과연 누구인가를 정확하게 구별하기란 정말 어려운 일이다. 좋은 컨설턴트를 선정하는 일은 컨설팅을 성공으로 이끄는 가장 중요한 요인이다. 따라서 성공적인 컨설팅을 위해서는 반드시 좋은 컨설턴트를 선정하는 일이 필요하다.

가. 컨설턴트의 개념

컨설턴트(consultant)에 대한 정의는 보는 관점에 따라 다양하겠지만 대표적인 몇 가지를 소개하면 다음과 같다.

- 경영상의 문제를 최고경영자의 시각으로 바라보되 사실에 입각하여 철저하게 분석하고 의뢰인의 상황에 맞는 최적의 해결책을 제시하며, 도출된 해결책의 효과적인 실행을 위해 의뢰인을 지속적으로 지원하는 사람
- 경영의 현상을 객관적으로 관찰 · 분석하고 문제점을 조기에 지적하며, 풍부한 경험을 바탕으로 적절한 해결방안을 조언하는 비즈니스 닥터
- 기업의 조직 · 계획 · 지시 · 통제 등 경영에 관한 문제를 밝혀내고 전문가적인 입장에서 문제를 해결하는 데 필요한 교육 · 경험 · 기술적 능력을 가진 사람으로, 공명하고 객관적인 조언으로 기업에 봉사하는 사람
- 기업경영의 전반 또는 각 부문에 대한 문제점을 지적하고 개선의 제안과 실시 지도 · 교육 등의 여러 활동을 행하며, 기업경영의 합리화 · 고도화 측면에서 지원하는 기업 외부의 전문가

일반적으로 컨설턴트는 기업 혹은 조직의 경영 · 업무상 해결해야 할 문제나 과제에 대해 전문적인 식견을 가지고 조언과 지도를 해주는 전문직업인(전문가)이다.

이렇게 전문가로서 컨설팅을 수행하는 컨설턴트의 역할을 정리하면 다음과 같다(조민호 · 설증웅, 2008).

- 사실에 근거한 분석작업
- 문제의 집단과 해결책의 모색

- 전문적인 해결책의 제시
- 실행계획의 개발
- 운영시스템과 수단 제공
- 조직의 변화를 계획 · 관리
- 경영자와 조직원의 훈련 · 개발
- 개인적인 카운슬링 제공
- 객관적이고 편견 없는 판단 제공
- 새로운 아이디어나 신선한 방법 제시
- 전문적인 정보와 자료 제공
- 임직원에게 필요한 추가적인 기술 제공
- 새로운 제도의 도입 적용

나. 컨설턴트의 자질과 구비조건

컨설턴트가 갖추고 있어야 할 자질로는, 첫째, 컨설턴트는 전문가이다. 따라서 컨설턴트가 되기 위해서는 최소한 한 가지 분야에서 남다른 안목과 실력을 지니고 있어야 한다. 따라서 당연히 컨설턴트에게는 끊임없는 학습이 요구된다. 둘째, 컨설턴트는 설득력이 좋아야 한다. 이를 위해서는 대인관계를 비롯하여, 심리학이나 대화법 등 관계개선에 대한 연구가 지속적으로 필요하다. 셋째, 컨설턴트는 분석력이 있어야 한다. 주어진 환경에 대한 치밀한 분석을 바탕으로 한, 논리적인 해석이 컨설턴트의 주요 역할이다. 넷째, 컨설턴트는 체력이 좋아야 한다. 과도한 업무량과 스트레스, 빈번한 출장 등을 이겨낼 체력을 길러야 한다(이강락 · 강경훈 · 강민정 역, 2003).

일반적으로 컨설턴트는 다음 네 가지의 기준을 충족시켜야 한다.

첫째, 기술적 능력이다.

컨설턴트는 사업과 경영의 다양한 분야에 대한 일반지식과 전문지식, 경험이나 노하우 등이 부족한 고객들이 얻고 싶어 하는 것들을 제공한다. 이것은 사무직에 대한 직무평가처럼 협소하고 구체적일 수도 있고, 어려움에 처한 회사를 종합적으로 진단하는 것처럼 광범위하고 여러 학문분야에 걸친 주제일 수도 있다. 또한 정보기술의 응용이나 국제 금융시장에 대한 전문적 지식일 수도 있고, 소규모 영업소의 조직개편에 관한 구체적인 노하우일 수도 있다.

둘째, 컨설팅 노하우이다.

컨설턴트는 고객이 자신의 문제를 파악하고 해결할 수 있도록 도움을 제공할 수 있어야만 그들과 협력해서 문제를 해결할 수 있다. 컨설턴트는 매우 다양한 욕구와 특성을 가진 고객이 문제의 정의 및 원인을 분석하고 변화의 필요성을 인정하며 여러 대안들 중에서 하나를 선택하고, 또 그에 따른 변화에 대한 심리적인 장애물들을 극복하고 올바른 결정을 실행할 수 있도록 다양한 방법과 도구를 사용한다. 그리고 생산통제, 종업원 보수 등과 같은 경영상의 특정한 분야에 대한 전문지식뿐만 아니라 심리적 · 사회적 기술과 의사소통 기술도 어느 정도 가지고 있어야 한다.

셋째, 독립성이다.

컨설턴트는 독립적이고 객관적인 조언자이다. 컨설턴트는 자신의 고객에게 진실을 말해야 하며, 전적으로 독립적이고 공정한 견해를 밝혀야 한다.

넷째, 성실성이다.

컨설턴트는 전문직업인으로서의 윤리와 행동규약을 준수하는 사람이다. 고객과 컨설턴트의 관계는 무엇보다도 신뢰에 기초해야 한다. 특히 고객은 컨설턴트가 자신에게 절대적으로 정직하며, 컨설턴트가 준수하는 기본적인 행동지침들이 결국 자신에게 이익이 된다는 것을 확신해야 한다(한종극 · 정태연 역, 2000).

다. 수업 컨설턴트의 요건

수업컨설팅에서 컨설턴트의 자격은 별도로 명시되어 있지 않다. 물론, 수업 컨설턴트의 요건으로 각종 수업 개선 연구대회 입상 경험, 성취도평가 출제위원 경험 등을 제시하는 경우도 있지만, 엄밀히 말해 이것이 컨설턴트의 자격요건이라고 볼 수는 없다. 학교컨설팅의 원리 중 전문성의 원리에 의하면, 의뢰인의 문제를 해결할 수 있는 전문성을 가지고 있다면 누구나 컨설턴트가 될 수 있다. 교장이든, 교감이든, 동료교사든, 외부인이든 중요한 것은 의뢰인의 문제를 해결해 줄 수 있는 전문적 지식과 기술의 구비 여부다.

그런데, 학교컨설팅의 원리에서 언급한 바와 같이, 수업컨설팅에서는 의뢰인과 컨설턴트 사이의 편안하고 수평적인 관계가 매우 중요하다. 이들 간의 수평적이고 원만한 관계 형성은 컨설팅 과제 수행에 커다란 영향을 미친다. 따라서 원활하고 수평적인 의사소통이 가능하고, 교사들이 선호하는 우수한 동료교사가 유력한 컨설턴트 후보이다. 초등학교에서는 '동학년교사', 중등학교에서는 '동교과교사'중에서 컨설턴트를 구하면 좋다.

한편, 수석교사는 아주 중요한 수업컨설턴트 자원이다. 수업컨설팅을 통해 수석교사가 수업전문성을 후배교사들에게 나누어 준다면, 교사 개개인의 전문성과 교직의 전문성은 높아질 수 있다. 이외에 교수, 연구원, 교장, 교감, 교육전문직, 퇴직교원 등도 수업컨설턴트 후보들이다(진동섭 · 홍창남 · 김도기, 2010).

컨설턴트의 활동은 의뢰인이 처한 문제점을 정확히 파악하여 그 문제점에 대하여 적절한 조치를 취하고 이를 의뢰인에게 잘 전달되도록 하며 의뢰인의 기대를 만족시켜야 한다. 이러한 컨설턴트는 단순히 그 분야에 대해 많이 알고 있거나 성격이 좋아서만 되는 것은 아니며 기본적으로 다음과 같은 조건을 갖추어야 한다(서우석 · 류희수 · 여태철, 2008).

1) 수업 컨설턴트의 자질

컨설팅이란 의뢰인과 계속 의사소통을 하여야 하는 활동이므로 컨설턴트는 상담, 조사, 교육, 설명 등에 요구되는 의사소통 능력을 가지고 있어야 한다. 그리고 인터뷰를 하거나 프레젠테이션을 하는 기회가 많으므로 이러한 기술도 습득하고 있어야 한다. 기술적인 측변 이외에도 컨설턴트는 일에 대한 열정이 있어야 하며 윤리적으로도 문제가 없어야 한다. 또한, 의뢰인에게 신뢰를 줄 수 있어야 하므로 컨설팅 상에서 벌어지는 모든 과정이 투명하고 그 결과도 신뢰감을 줄 수 있어야 한다.

2) 수업 컨설턴트의 지식

수업 활동은 단순히 어떠한 하나의 문제로 인해 발생하는 것보다는 복잡한 문제의 상호작용으로 인해 발생하는 경우가 많다. 이처럼 다양한 경우에 최상의 컨설팅을 실행하려면 그 분야의 지식이 뛰어나야 함은 당연한 이야기이다. 그러나 지식만 보유하고 있다고 훌륭한 컨설턴트가 될 수 있는 것은 아니다. 의뢰인의 문제를 진단하고 분석할 수 있는 능력도 그에 못지않게 중요한 요소이다. 훌륭한 컨설팅을 위해서는 일을 계획하고, 실제로 진행하며 추진할 수 있는 능력이 요구된다. 지식적인 측면에서는 컨설턴트는 그 분야의 보통 사람보다는 훨씬 더 많은 내용적 요소를 알고 있어야 한다. 그에 따라 새로운 분석 기법이나 새로운 영역으로의 컨설팅이 가능하며 전문 분야에 대한 정보를 수집할 수 있는 가능성도 훨씬 커지게 된다.

3) 수업 컨설턴트의 경험

컨설턴트가 이론적으로만 무장을 하고 있다면 실제 교육 현장에서 이를 효과적으로 사용하는 방법에는 익숙하지 않을 수 있다. 그러므로 수업 컨설턴트는 수업의 달인일 필요는 없을지 모르지만 최소한 수업 현장에서 벌어질 수 있는 상황을 인식하고 이에 대한 대처 능력을 가질 수 있는 사람이어야 한다. 이를 위해서는 적어도 5년 이상의 실무 경험을 가지고 있어야 할 것이며 문제 상황을 경험하고 이를 해결해 본 경험이 있어야 한다.

4) 수업 컨설턴트의 기본자세

컨설턴트의 기본적인 컨설팅 자세로는 설득력과 자신감, 유연성 있는 사고를 할 수 있는 사람, 문제 해결력과 창의력이 뛰어나고 일을 즐기며 신뢰감을 줄 수 있는 사람이어야 한다. 또한, 솔직하며 성실하게 꾸준히 노력하는 사람이어야 한다.

5) 수업 컨설턴트가 지켜야 할 사항

컨설턴트는 의뢰인에게 경어를 사용하며 처음 의뢰인과의 만남에서도 부드러운 분위기로 대화를 풀어나가야 한다. 설명이나 토론이 벌어진 후에는 내용이나 결론이 의뢰인이 기대한 수준에 도달하였는지를 살펴보아야 하며 의뢰인의 행동이나 발언에 직접적인 긍정이나 부정은 피해야 한다. 모든 일은 절차대로 진행하여야 하며 컨설팅 진행 중에는 의뢰인이 문화와 절차를 존중하여야 한다. 사적인 목적으로 의뢰인을 이용하거나 의뢰인의 정보를 이용해서는 절대 안되며 컨설팅 중간이나 결과를 다른 사람에게 함부로 발설하거나 개인의 프라이버시를 침해해서도 안 된다.

Chapter Ⅱ

수업컨설팅 모형

1. 수업컨설팅 관련 제 모형 탐색
2. 수업컨설팅 일반모형
3. 예비교사 수업컨설팅 모형

CHAPTER II

수업컨설팅 모형

수업컨설팅은 과거의 형식적인 수업장학 형태에서 벗어나 교사의 수업개선을 목표로 더 정교한 절차를 통해 수업컨설턴트의 진단과 처치로 이루어지기 때문에 체제적인 준거 틀이 필요하다.

수업컨설팅 모형이란 수업관련 문제 해결을 통하여 교사의 수업을 개선하고 향상시키기 위해 실제 수업사태에 적용 가능한 컨설팅 프로세스의 틀로서 실제 교수·학습에 초점을 두고 의뢰인과 컨설턴트 간에 이루어지는 수업컨설팅의 준거 체제라고 볼 수 있다. 여기에서는 기존의 경영컨설팅 모형, 수업장학 모형과 학교컨설팅 모형을 기초로 수업컨설팅 모형을 살펴보고자 한다.

1. 수업컨설팅 관련 제 모형 탐색

가. 경영컨설팅 모형

기업이나 회사의 조직을 대상으로 컨설팅을 하는 데 적용되는 경영컨설팅 모형은 매우 다양하지만 그 가운데 학교 수업현장에서 필요로 하는 수업컨설팅 모형을 탐색하는 데 시사 받을 수 있는 것으로 다음 두 가지 모형(서우석·류희수·여태철, 2008)을 살펴본다.

먼저, 콜브·프록만(Kolb & Frohman) 모형은 변화담당자와 피

변화자 관계로 형성되는 조직의 7단계 변화과정으로, 조사(Scouting) → 착수(Entry) → 진단(Diagnosis) → 계획(Planning) → 실행(Action) → 평가(Evaluation) → 종료(Termination) 단계로 이루어진다.

다음으로, 밀란(Milan 또는 ILO) 모형은 국제노동기구(ILO) 주관으로 제반 이론들을 정리한 모형으로, 착수(Entry) → 진단(Diagnosis) → 실행 계획 수립(Action planning) → 구현(Implementation) → 종료(Termination) 단계로 이루어진다. 이상의 모형에서 착수, 진단, 계획, 실행(구현), 종료 등의 공통요소를 찾아 볼 수 있다.

나. 수업장학 모형

수업장학에 있어서 대표적인 모형으로는 코간(Cogan)의 수업장학모형이 있는데, 이는 교실 내부에서 교사의 수업개선에 초점을 두고 있으며, 교사와 장학담당자 간 동료관계 수립 → 학습활동 계획 → 수업관찰전략 계획 → 수업관찰 → 교수 · 학습 활동 분석 → 협의회전략 계획 → 장학협의회 실시 → 차기 장학계획 재수립 등 8단계로 나누었으며, 각 단계들은 장학 담당자의 관계에 따라 변경하거나 생략할 수 있는 일련의 순환과정으로 되어있다(변영계 · 김경현, 2005).

다음으로, 정태범(2002)의 임상장학 모형은 ① 수업 전 협의 : 전문가(장학담당자)와 교사 간에 신뢰 관계를 조성하면서 교사가 학급구성과 학습과제를 제시하고, 교수목표와 그 달성 방법을 설명하며, 수업 장면과 관찰계획 장면을 설명하고, 수업관찰 시간을 협의하는 단계 → ② 수업관찰 : 전문가가 분석할 자료를 수집하고 수업 형태를 확인하는 단계 → ③ 수업과정 분석 : 교사와 전문가가 함께 수집된 자료를 분석하며 수집된 자료의 피드백이 이루어지는 단계 → ④ 수업 후 협의 : 전문가가 교사의 추리, 의견, 느낌을 듣고 교사로 하여금 대안적 수업목표, 수업방법 등을 고려하도록 한다. 또한 장학의 방향을 결정하고 어떤 방법으로 실행할 것인가를 알려주는 단계로 구성된다.

다. 학교컨설팅 모형

장학이 교사의 직무 수행에 관한 전문성 개발에 초점을 둔 것이라면 학교컨설팅은 이보다 훨씬 넓은 의뢰인들이 문제나 과제로 생각하고 도움을 요청하는 모든 영역(진동섭, 2003a)이라고 볼 수 있으며 따라서 수업컨설팅은 학교컨설팅의 한 영역이라고 볼 수 있다.

진동섭의 학교컨설팅 모형(서우석 · 류희수 · 여태철, 2008)은 ① 준비 : 의뢰와 접수, 예비 진단, 학교컨설팅의 전반적 계획 수립, 학교컨설턴트 배정(선택) 및 학교컨설팅 계약 수립 등 학교의 현재 상황을 확인하는 단계 → ② 진단 : 목표와 문제 명확화, 자료수집 및 필요한 사실 규명, 자료를 분석하고 약점과 강점을 진단하여 학교에 진단 보고서를 제출하는 단계 → ③ 해결방안 설정 및 선택 : 가능한 해결방안 구안 및 제안, 해결 방안을 선택 → ④ 실행 : 학교 컨설턴트의 조언과 지원, 의뢰인의 실행 단계 → ⑤ 종료 : 학교컨설팅 평가, 최종 보고를 통해 성공한 사항들을 학교에 정착하는 단계로 구성된다.

라. 수업컨설팅 모형

임상장학보다 더 발전된 이론이 수업컨설팅이론으로서 교사의 수업개선을 목표로 하고 있는 수업컨설팅의 대표적인 모형에는 서우석 · 류희수 · 여태철 모형(2008)이 있는 데, 서우석 · 류희수 · 여태철은 기존 컨설팅 관련 모형을 비교분석하고 종합하여 ① 준비단계(Preparation Stage) → ② 실행단계(Implementation Stage) → ③ 평가단계(Evaluation Stage)의 3단계의 프로세스 모형(PIE모형)을 제시하고 있다.

이 모형에서 준비단계는 첫 만남, 사전 문제 확인, 컨설팅 수행계획 제안, 협약 등으로 구성되어 있고, 실행단계는 진단, 문제해결 실행계획 수립, 문제해결 등으로 구성되어 있으며, 평가단계는 컨설팅 평가, 피드백, 보고서 작성, 사업종료 등으로 이루어져있다.

마. 컨설팅 관련 제 모형 비교

다음 〈표 2-1〉은 위에서 언급한 대표적인 경영컨설팅 모형, 수업장학 모형, 학교컨설팅 모형 그리고 수업컨설팅 모형을 비교하여 정리한 것이다. 각 모형은 명칭이 다르고 적용대상도 다르지만 공통된 단계가 있어서 몇 개의 영역(준비, 진단, 실행, 평가, 종료)은 새로운 수업컨설팅 모형을 탐색하는 데 유용하다.

<표 2-1> 컨설팅 관련 제 모형 비교

<table>
<tr><th>콜브 · 프록만</th><th>밀란</th><th>코간</th><th>정태범</th><th>진동섭</th><th>서우석 외</th></tr>
<tr><td>조사</td><td rowspan="2">착수</td><td rowspan="2">동료관계 수립</td><td rowspan="2">수업 전 협의</td><td rowspan="2">준비</td><td rowspan="2">준비 단계</td></tr>
<tr><td>착수</td></tr>
<tr><td>진단</td><td>진단</td><td>• 학습활동계획
• 수업관찰전략계획</td><td rowspan="3">• 수업관찰
• 수업과정 분석</td><td>진단</td><td rowspan="3">실행 단계</td></tr>
<tr><td>계획</td><td>실행계획 수립</td><td rowspan="2">• 수업관찰
• 교수 · 학습 활동분석
• 협의회전략계획</td><td>해결방안 설정 및 선택</td></tr>
<tr><td>행동</td><td>구현</td><td>실행</td></tr>
<tr><td>평가</td><td rowspan="2">종료</td><td rowspan="2">• 장학협의회실시
• 차기장학계획 재수립</td><td rowspan="2">수업 후 협의</td><td rowspan="2">종료</td><td rowspan="2">평가 단계</td></tr>
<tr><td>종료</td></tr>
</table>

* 서우석 · 류희수 · 여태철(2008). 수업컨설팅 이렇게 하라. 서울: 교육과학사. p.96. 내용 수정 보완

2. 수업컨설팅 일반모형(PDIEF 모형)

앞에서 살펴본 기존의 수업컨설팅과 관련된 제 모형을 탐색한 결과와 진동섭 · 홍창남 · 김도기(2010)가 제시한 수업컨설팅 모형을 토대로 학교 현장에서 적용 가능한 새로운 수업컨설팅 모형을 제시하면 [그림 2-1]과 같다.

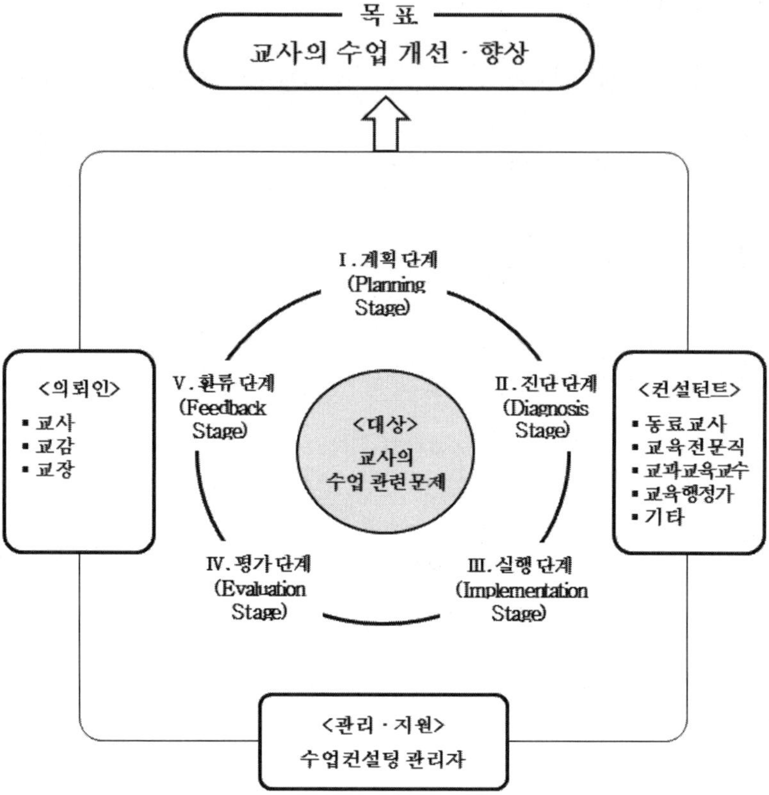

[그림 2-1] 수업컨설팅 일반모형(PDIEF 모형)

* 진동섭 · 홍창남 · 김도기(2010). 학교컨설팅과 수업컨설팅. 서울: 교육과학사. p.102. 내용 수정 보완

수업컨설팅 일반모형의 구성 요소로는 목표, 대상, 의뢰인, 컨설턴트, 수업컨설팅 관리자(진동섭 · 홍창남 · 김도기, 2010)와 컨설팅 단계로 이루어져 있다.

가. 목표

수업컨설팅의 목표는 교사의 수업개선과 향상에 있다. 수업과 관련된 문제나 과제를 안고 있는 교사가 컨설팅을 의뢰하면 컨설턴트는 이에 대한 다양한 해결방안을 개발하여 의뢰인에게 제공하고, 의뢰인은 컨설턴트가 제안한 해결 방안을 실행에 옮겨 자신의 당면 문제나 과제를 해결한다. 이러한 일련의 지속적인 과정은 결국 의뢰 교사의 수업 개선으로 이어진다.

나. 대상

수업컨설팅의 대상은 교사의 수업과 직·간접적으로 관련된 문제나 과제를 의미한다. 예를 들면, 수업방법 개선, 수업설계 능력 함양, 새로운 수업방법 습득, 수업분석법 학습, 실제 수업 기술 향상, 수업평가 등이 수업컨설팅의 대상이다. 이 외에도 교사의 수업과 관련된 문제라면 무엇이든 컨설팅의 대상이 될 수 있다.

다. 의뢰인

수업컨설팅에서 의뢰인은 기본적으로 교사이다. 물론 교감이나 교장도 의뢰인이 될 수 있지만, 교장이나 교감은 수업을 담당하지 않는다는 점에서 수업에 관한 컨설팅을 의뢰할 가능성은 크지 않기 때문에 의뢰인은 교사라고 할 수 있다. 다만, 교장이나 교감은 직접 의뢰를 하지 않더라도 문제를 안고 있다고 생각되는 교사가 컨설팅을 의뢰할 수 있도록 권유하거나 컨설턴트를 안내해주는 역할을 할 수 있다. 교사들은 수업에 직·간접적으로 영향을 미치는 모든 문제나 과제에 대해 컨설팅을 요청할 수 있다.

라. 컨설턴트

수업컨설팅에서 컨설턴트의 자격은 별도로 명시되어 있지 않다. 학교컨설팅의 원리 중 전문성의 원리에 의하면, 의뢰인의 문제를 해결할 수 있는 수업 전문성을 가지고 있다면 누구나 컨설턴트가 될 수 있다. 교장이든, 교감이든, 동료교사든, 외부인이든 중요한 것은 의뢰인의 문제를 해결해 줄 수 있는 전문적 지식과 기술의 구비 여부다.

원활하고 수평적인 의사소통이 가능하고, 교사들이 선호하는 우수한 동료교사가 유력한 컨설턴트 후보이다. 초등학교에서는 '동학년교사', 중등학교에서는 '동교과교사'중에서 컨설턴트를 구하면 좋다.

한편, 수석교사는 아주 중요한 수업컨설턴트 자원이다. 수업컨설팅을 통해 수석교사가 수업전문성을 후배교사들에게 나누어 준다면, 교사 개개인의 전문성과 교직의 전문성은 높아질 수 있다. 이외에 교수, 교육연구원, 교장, 교감, 교육전문직, 퇴직교원 등도 수업컨설턴트 자원들이다.

마. 수업컨설팅 관리자

부동산 컨설팅, 금융컨설팅, 법률컨설팅 등 일반 컨설팅에서는 의뢰인이 컨설턴트를 직접 찾아가거나, 반대로 컨설턴트가 의뢰인을 찾아가 계약을 맺음으로써 컨설팅이 시작된다(조민호 · 설증웅, 1999; 홍창남, 2002; Kubr, 2002). 그러나 일반 컨설팅과 달리 수업컨설팅은 도움을 받고자 하는 교사는 많으나 그들에게 도움을 줄 수 있는 교사가 잘 알려져 있지 않다. 따라서 수업컨설팅이 이루어지려면 도움을 받고자 하는 교사와 컨설턴트를 연결시켜줄 수 있는 고리가 필요한데, 이 연결 고리의 역할을 하는 사람 혹은 조직을 컨설팅 관리자라고 한다.

컨설팅 관리자는 개인일 수도 있고 집단일 수도 있다. 교내 수업컨설팅의 경우에는 특정 부서 교사나 교장, 교감이 컨설팅 관리자의 역할을 수행할 수도 있다. 그러나 시·도교육청 단위나 교과 연구회 단위에서 수업컨설팅이 진행된다면, 기관 내지 담당 부서 전체가 컨설팅 관리자의 역할을 수행한다.

바. 수업컨설팅 단계

1) 계획 단계(Planning Stage)

의뢰인의 수업컨설팅 요청에 의해 의뢰인과 컨설턴트가 처음 만나 컨설팅의 의뢰와 접수를 하는 단계이다. 의뢰인의 문제를 파악하고 컨설팅 내용을 확인하여 컨설팅의 수행 여부를 판단하고 컨설팅 협약을 체결한다.

2) 진단 단계(Diagnosis Stage)

예비 진단 수업 실시, 수업 공개 전 협의회를 실시하는 단계로서, 컨설팅의 목적을 달성하는데 필요한 자료를 수집하고 분석하며 의뢰인이 가지고 있는 문제가 무엇인지 확인하고 규명하는 문제 해결 전략을 수립한다.

3) 실행 단계(Implementation Stage)

실제 수업 공개를 통해 수업컨설팅을 구체화하는 단계로서, 의뢰인은 평소 수업과 같은 태도로 수업을 공개한다. 컨설턴트는 수업에 참관하여 교수·학습활동 분석표를 작성한다.

4) 평가 단계(Evaluation Stage)

수업 공개 참관 후 수업 관찰 결과를 중심으로 의뢰인과 컨설턴트간의 상호협동적인 논의를 통해서 수업개선을 위한 방안을 설정하도록 협의회를 실시하는 단계이다.

5) 환류 단계(Feedback Stage)

컨설팅 전 과정에 대한 평가(협의회) 결과, 교정된 수업을 다른 학급에 적용하는 단계이다. 컨설팅 일지를 마무리하고 필요시 보고서도 작성한다.

3. 예비교사 수업컨설팅 모형(PDDRE 모형)

교원 양성기관에 재학하고 있는 예비교사들은 교육실습기간을 제외하고는 실제 수업상황을 접해볼 수 있는 기회가 별로 없을 것이다. 간혹 대학의 수업분석실을 통해서나 모의 수업상황에서 컨설팅을 받을 수 있으나 효과는 크지 않으리라고 생각한다. 따라서 교육실습기간 중에 실습학교에서 예비교사의 수업개선을 위한 수업컨설팅을 받는 것은 매우 효과적일 것이다.

앞에서 탐색한 수업컨설팅 일반모형을 기초로 예비교사에게 적용 가능한 수업컨설팅 모형을 제시하면 [그림 2-2]와 같다.

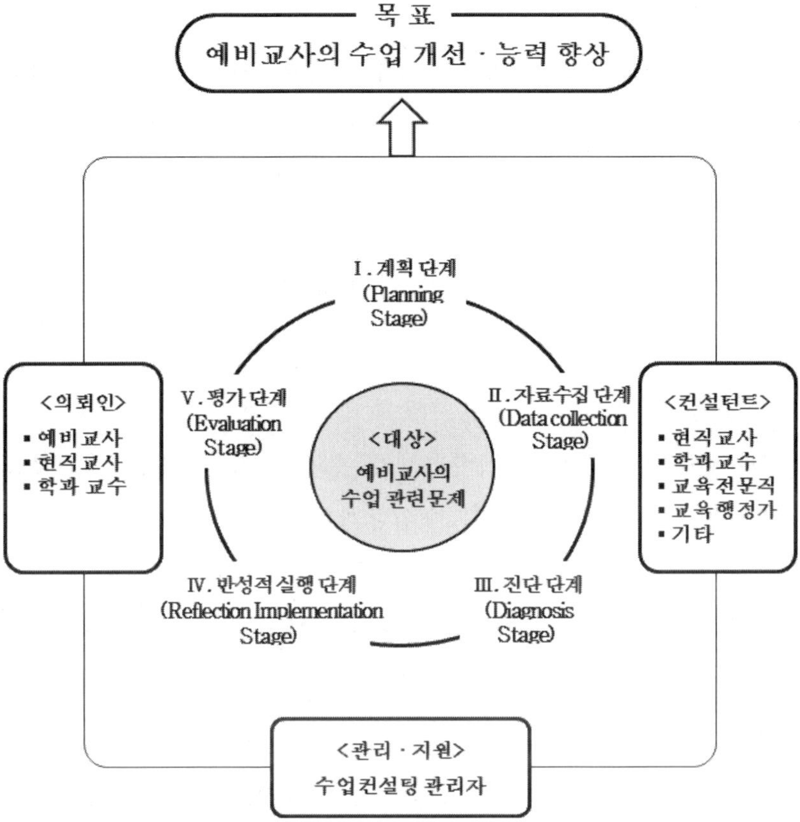

[그림 2-2] 예비교사 수업컨설팅 모형(PDDRE 모형)

예비교사 수업컨설팅 일반모형의 구성 요소도 앞의 일반모형에서 살펴본 구성 요소와 같이 목표, 대상, 의뢰인, 컨설턴트, 수업컨설팅 관리자와 컨설팅 단계로 이루어져 있다.

가. 목표

수업컨설팅의 목표는 예비교사의 수업개선과 수업 능력 향상에 있다. 수업과 관련된 문제나 과제를 안고 있는 예비교사가 컨설팅을 의뢰하면 컨설턴트는 이에 대한 다양한 해결방안을 개발하여 의뢰인에게 제공하고, 의뢰인은 컨설턴트가 제안한 해결 방안을 반성적으로 실행에 옮겨 자신의 당면 문제나 과제를 해결한다.

나. 대상

수업컨설팅의 대상은 예비교사의 수업과 직·간접적으로 관련된 문제나 과제를 의미한다. 수업설계를 비롯하여 교수·학습 과정안의 작성, 수업매체 선정, 수업실행 등의 내용이나 그밖에 수업과 관련된 문제라면 무엇이든 컨설팅의 대상이 될 수 있다.

다. 의뢰인

수업컨설팅에서 의뢰인은 기본적으로 예비교사이다. 물론 교과와 관련된 현직교사나 학과교수가 의뢰인이 될 수 있지만, 직접 의뢰를 하지 않더라도 문제를 안고 있다고 생각되는 예비교사가 컨설팅을 의뢰할 수 있도록 컨설턴트 풀을 구축하여 안내해줄 수 있다.

라. 컨설턴트

수업컨설팅에서 컨설턴트의 자격은 별도로 명시되어 있지 않다. 학교컨설팅의 원리 중 전문성의 원리에 의하면, 의뢰인의 문제를 해결할 수 있는 수업 전문성을 가지고 있다면 누구나 컨설턴트가 될 수 있다.

그러나 쉽게 전문가로서 컨설팅을 해줄 수 있는 컨설턴트는 현직 교과교사, 학과교수, 교육전문직, 교육행정가가 될 수 있다.

마. 수업컨설팅 관리자

일반 컨설팅과 달리 수업컨설팅은 도움을 받고자 하는 예비교사는 많으나 그들에게 도움을 줄 수 있는 컨설턴트가 절대적으로 부족한 실정이다. 그리고 개인적으로 컨설팅을 받는다는 것은 매우 어려운 일이며 수업 실연을 위해 동료 예비교사에게 조언을 받는 경우가 쉬운 방법이라고 생각한다. 그러나 이 경우에는 컨설턴트가 자격을 제대로 갖추고 있지 않기 때문에 컨설팅에서 나타날 수 있는 오류를 제대로 잡아줄 수 없다는 한계가 있다. 따라서 경험을 가진 컨설턴트를 연결시켜주기 위해서는 수업컨설팅 관리자가 필요하다. 컨설팅 관리자로서 학과 담당 교수나 수업컨설팅을 관리할 수 있는 학과부서나 팀이 컨설팅 관리자의 역할을 수행한다.

바. 수업컨설팅 단계

정영옥(2010)이 '예비교사의 수학 수업컨설팅 사례' 연구에서 제시한 수업컨설팅 단계를 일부 수정 보완하여 다섯 가지의 컨설팅 단계를 적용한 내용은 다음과 같다.

1) 계획 단계(Planning Stage)

예비교사인 의뢰인의 요청에 의해 의뢰인과 컨설턴트가 처음 만나 컨설팅의 수행 여부를 판단하고 컨설팅 협약을 체결하는 단계이다.

2) 자료수집 단계(Data Collection Stage)

교수 · 학습활동과 관련된 자료를 수집하는 단계로서, 교수 · 학습 과정안 작성 및 학습 자료를 준비한다. 또한 스스로 실행한 수업을 녹화하거나 수업 관찰을 실시한다.

3) 진단 단계(Diagnosis Stage)

예비 진단 수업 실시, 실제 수업 공개 전 협의회를 실시하는 단계이다.

예비 진단 수업을 통해 예비교사의 수업 방법 및 교수 내용 등의 내용을 검토하고 수정 보완한다. 예비 진단 수업은 직접 수업을 참관하거나 동영상 촬영 후 분석할 수도 있다. 그리고 예비교사가 모르고 있는 내용이나 잘못된 부분에 대해서는 수정을 위해 컨설턴트가 직접 실연하여 가르치도록 한다.

4) 반성적 실행 단계(Reflection Implementation Stage)

이 단계에서는 진단에 기초한 수업계획안을 구성한다. 그리고 교실에서 실제 수업 공개를 통해 수업컨설팅을 구체화하는 단계이다. 수업은 동영상 촬영 후 분석할 수도 있지만 가급적 직접 참관하는 것이 좋다. 컨설턴트는 수업에 참관하여 교수 · 학습활동 분석표를 작성한다. 이때 수업의 관찰과 기록은 진단 단계의 협의회에서 예비교사와 협의한 내용에 초점을 두고 관찰한다. 예비교사의 반성적 실행은 몇 차례 실시하는 것이 효과적이다.

5) 평가 단계(Evaluation Stage)

마지막 단계로서 수업 공개 후 협의회를 통해 예비교사와 컨설턴트가 수업개선을 위한 방안을 설정한다. 먼저, 예비교사가 자기평가를 하도록 하고, 수업관찰 결과를 중심으로 컨설팅 전체 과정에 대한 평가와 소감을 예비교사와 컨설턴트가 상호 피드백을 한다. 그리고 예비교사의 수업능력 향상을 위한 추가 방안을 제시할 수 있다.

Chapter Ⅲ 수업컨설팅의 절차와 방법

1. 일반 수업컨설팅 절차
2. 예비교사 수업컨설팅 절차
3. 교과 수업컨설팅 절차

CHAPTER III

수업컨설팅의 절차와 방법

1. 일반 수업컨설팅 절차

일반적인 수업컨설팅 절차(PDIEF 모형)는 계획 단계, 진단 단계, 실행 단계, 평가 단계, 환류 단계로 이루어져 있다. 이러한 수업컨설팅 단계는 한 번으로 끝나버리는 경우가 대부분이나 필요한 교사에게는 단원을 달리하여 반복적으로 실행하면 효과가 매우 클 것이다. 여기에서 사용되는 여러 양식들은 서우석 · 류희수 · 여태철(2008)의 자료를 참고하였다.

가. 계획 단계(Planning Stage)

의뢰인의 수업컨설팅 요청에 의해 의뢰인과 컨설턴트가 처음 만나 컨설팅의 의뢰와 접수를 하는 단계이다. 의뢰인의 문제를 파악하고 컨설팅 내용을 확인하여 컨설팅의 수행 여부를 판단하고 [표 3-1] 수업컨설팅 협약서와 같이 컨설팅 협약을 체결한다. 컨설턴트와 의뢰인 상호간의 신뢰 형성이 중요하며 의뢰인의 문제와 컨설팅을 수행하는 목적에 대한 기초적인 탐색 및 수업컨설팅의 진행 과정에 대하여 논의한다. 이때 컨설턴트는 의뢰인의 적극적인 참여와 발언을 유도하여야 하며, 의뢰인의 요구사항을 주의 깊게 청취하고 섣부른 대안의 제시나 판단은 지양해야 한다.

<표 3-1> 수업컨설팅 협약서

수업컨설팅 협약서

〈의뢰인〉

성　　명	○ ○ ○	교육 경력	년
소　　속		전 공	국어
의뢰 영역	국어과 수업 개선		
의뢰 사유	창의적인 국어 수업 방법 구안 및 적용		
의뢰 사항	수업 방법의 전반적인 개선책 연구		

본 의뢰인은 위와 같은 수업컨설팅을 받고자 하며, 아울러 이러한 과제를 해결하는데 있어 적극적으로 노력할 것을 약속합니다.

년　　월　　일

의뢰인 : ○ ○ ○ (인)

〈컨설턴트〉

성　　명	○ ○ ○	교육 경력	년
소속 기관		전 공	국어
컨설팅 경력	년		

본 컨설턴트는 위와 같은 의뢰인의 컨설팅 과제를 해결하는데 있어서 적극적으로 지원할 것을 약속합니다.

년　　월　　일

컨설턴트 : ○ ○ ○ (인)

* 자료: 서우석 외(2008). 수업컨설팅 이렇게 하라. 서울: 교육과학사. P.133. 내용수정보완

□ 주요 내용

- 의뢰인에 대한 이해
- 컨설턴트 자신의 준비 상황
- 컨설팅 전반에 대한 공감대 형성
- 컨설팅 수행 계획 제안
- 컨설팅 협약 체결

나. 진단 단계(Diagnosis Stage)

예비 진단 수업 실시, 수업 공개 전 협의회를 실시하는 단계로서, 컨설팅의 목적을 달성하는데 필요한 자료를 수집하고 분석하며 의뢰인이 가지고 있는 문제가 무엇인지 확인하고 규명하는 문제해결 전략을 수립한다.

예비 진단 수업을 통해 교사의 수업 방법 및 교수 내용, 학생들의 태도 등 다양한 내용을 검토할 수 있다. 예비 진단 수업은 직접 수업을 참관하거나 동영상 촬영 후 분석할 수도 있다.

예비 진단 수업을 실시한 이후 교수·학습 과정안 및 학습 자료 검토, 의뢰인의 자기수업점검표 분석(〈표 3-2〉 참조), 컨설팅의 초점을 정하는 수업 공개 전 협의회를 실시한다. 협의회에서는 예비 진단 수업을 통해 나타난 수업의 장단점을 고려하고 학습 자료에 대한 구체적인 협의를 통해 학습 효과를 극대화 할 수 있는 자료를 준비한다. 또한 컨설턴트는 의뢰인과 협의하여 의뢰인의 어떤 수업 행동을 관찰할 것인지를 분명하게 정한다.

□ 주요 내용

- 진단에 필요한 자료 수집(필요 시 설문, 면담)
- 예비 진단 수업 실시
  - 수업 능력 진단(자기수업 평가, 동료 참관 평가)
  - 교수·학습 과정안 및 자료 검토(수정 보완)
  - 동영상 촬영 분석
  - 수업 관찰과 분석(수업 목표, 내용, 수업 방법 등)
- 수업 공개 전 협의회

♠ 예비진단 수업자료 수집방법

① 예비진단 수업자료 수집을 위해서 수업분석에 필요한 녹화자료를 수집한다.

캠코더(디지털) 녹화를 위해 최근에는 교사의 움직임을 따라가면서 촬영하는 카메라 시스템 및 음성인식 시스템이 개발되어 있으나, 구입비용이 고가여서 학교현장에서 사용하기에 어려움이 따른다. 그래서 일반적으로 대중화되어 있는 비디오카메라와 녹화기의 기능이 결합된 간편한 캠코더를 수업관찰 및 기록에 유용하게 사용하고 있다. 또한 디지털 캠코더의 발달은 녹화된 자료를 컴퓨터와 연결하여 수업 분석의 자동화를 보다 편리하게 실현하고 있다. 캠코더 수업 녹화는 특수조명이 없더라도 수업 촬영이 가능하며 편집, 이동, 재생이 간편하다. 그리고 필요할 때 언제라도 재생시켜 볼 수 있으며, 녹화한 것을 반영구적으로 보관할 수도 있다. 녹화는 캠코더 한 대로도 가능하나 가능한 한 두 대를 활용해서 한쪽은 학생장면을 녹화하고, 다른 한쪽은 교사의 장면을 녹화하는 이원체제로 녹화하는 것이 더 좋을 것이다. 교탁 주변에서 수업을 주로 하는 교사만을 대상으로 녹화를 할 경우에는 캠코더 하나로 고정해서도 가능하겠지만 전체 학생과 교사를 동시에 녹화를 하기 위해서는 캠코더를 이동하거나 이원 또는 삼원 녹화가 필요하며 여기에는 녹화를 도와줄 녹화 담당자가 필요하다. 녹화는 전체 수업과정을 할 수도 있고 중점적으로 관찰할 부분이나 도입 · 전개 · 정착 단계별, 또는 전개 수업개선 자료로서 가치있는 부분만을 녹화할 수도 있다(정석기, 2008). 요즈음에는 자기 수업장학이나 수업컨설팅을 위해 수업분석실을 별도로 설치한 학교도 있어서 수업분석 자료를 얻기가 용이해졌다.

☞ 녹화방법 및 유의점을 들면 다음과 같다.

- 비디오 레코더는 설치하고 분해해서 보관하기가 어려운 편이므로 수업을 녹화해야 할 경우에는 기재를 사용하고 보관이 편하도록 특별실을 활용하는 것이 좋다.
- 학생들이 교실에 들어오기 전에 미리 기재를 설치해 놓는 것이 바람직하며 녹화과정에서 수업에 방해가 되지 않도록 기재의 비치에 주의해야 한다.
- 교사는 녹화과정에서 신체적 외모에 너무 신경을 쓰거나 또는 너무 긴장해서 정상적인 수업활동에서 벗어나는 일이 없도록 노력해야 한다.
- 캠코더의 설치장소, 렌즈의 초점을 신속하게 맞추는 방법 등을 익숙하게 익혀 수업의 흐름에 따라 교사와 학생의 활

동을 빈틈없이 촬영하고 또한 클로즈업(close-up) 해야 하는 부분 포착 등도 익숙하게 처리할 수 있어야 한다.

- 수업의 흐름을 촬영하거나 녹음하는 시간은 30분 정도(이보다 길면 되돌려 보기에 지루한 감이 있음)가 적당하나, 전체 수업을 분석하기 위해서는 1차시(본시) 분 전체 수업을 촬영하되, 전체 또는 부분별로 분석에 활용할 수도 있다.
- 피드백 시간에는 교사의 활동과 학생의 행동을 여러 측면에서 면밀하게 관찰하고 분석하도록 한다(심덕보, 1994).

② 수업자인 의뢰 교사가 자신의 수업에 대해 평가한 자료를 수집한다.

예비진단 수업을 하고 난 후에 교사가 자신의 수업을 평가하는 기법으로서, 여기에 사용되는 측정도구는 자기수업점검표를 활용한다.

<표 3-2> 자기수업점검표

<table>
<tr><td>일시</td><td>년 월 일
교시</td><td>교과</td><td>국어</td><td>차시</td><td>9 / 10</td></tr>
<tr><td>수업자</td><td>○ ○ ○</td><td>대상</td><td>1학년 2반</td><td>컨설턴트</td><td>○ ○ ○</td></tr>
<tr><td>단원</td><td colspan="5">1. 우리는 중학생 (2) 면담하기</td></tr>
<tr><td>학습 목표</td><td colspan="5">1. 면담의 목적을 말할 수 있다.
2. 면담하기의 과정에서 유의할 점을 말할 수 있다.</td></tr>
<tr><th>평가 영역</th><th>평가 요소</th><th colspan="4">평 가 내 용</th></tr>
<tr><td>수업 계획</td><td>수업 설계</td><td colspan="4"></td></tr>
<tr><td rowspan="5">교수
·
학습활동</td><td>동기 유발</td><td colspan="4"></td></tr>
<tr><td>수업 운영</td><td colspan="4"></td></tr>
<tr><td>자료 및
학습매체</td><td colspan="4"></td></tr>
<tr><td>학습 태도</td><td colspan="4"></td></tr>
<tr><td>학습 정리</td><td colspan="4"></td></tr>
<tr><td>평 가</td><td>평가 활동</td><td colspan="4"></td></tr>
<tr><td colspan="2">본 수업에서
좋았던 점</td><td colspan="4"></td></tr>
<tr><td colspan="2">본 수업에서
개선해야 할 점</td><td colspan="4"></td></tr>
</table>

다. 실행 단계(Implementation Stage)

실제 수업 공개를 통해 수업컨설팅을 구체화하는 단계로서, 의뢰인은 평소 수업과 같은 태도로 수업을 공개한다. 수업은 직접 참관하는 것이 좋으나 시간적 제약을 받는다면 동영상 촬영 후 분석할 수도 있다. 컨설턴트는 수업에 참관하여 교수 · 학습활동 분석표(〈표 3-3〉 참조)를 작성한다. 이때 수업의 관찰과 기록은 진단 단계의 협의회에서 의뢰인과 협의한 내용에 초점을 두고 관찰해야 한다.

☐ 주요 내용

- 진단을 기초로 실제 수업 준비
- 공개 수업 실시
- 직접 수업참관(필요 시 동영상 촬영)
  - 컨설턴트, 동교과교사 등
- 컨설턴트의 교수·학습활동 분석표 작성

<표 3-3> 교수 · 학습활동 분석표

일 시	년 월 일 교시	대 상	1학년 1반	장 소	1-1 교실
교 과	국 어	수업자	○ ○ ○	컨설턴트	○ ○ ○
단 원	3. 더불어 살아가기 (1) 문학과 갈등				

영역		관 찰 요 소	의 견	
			우수한 점	개선할 점
수업 설계		사전 교재연구를 철저히 하였는가?		
		교수 · 학습 목표가 행동변화를 가져오도록 진술되었는가?		
		교수 · 학습 계획이 학습 유형에 알맞게 짜여졌는가?		
교수 · 학습활동	도입 단계	전시학습을 적절히 상기시켰는가?		
		동기유발에는 어떤 아이디어가 사용되었는가?		
	학습 목표 제시	학습목표를 어떤 방법으로 제시하였는가?		
		구체적이고 행동적인 용어로 진술되었는가?		
		동기유발과 관련지어 학습목표를 제시하였는가?		
	학습 활동	학습은 학생이 주체가 되어 진행되고 있는가?		
		학습 활동에 학생의 참여도가 높도록 어떤 방법으로 유도하고 있는가?		
		발표 및 활동 기회를 다수에게 제공하고, 수업 난이도와 속도를 어떻게 조절하는가?		

	교사 태도	수업 중 적절한 제스처(손 동작, 몸짓)를 사용하는가?		
		교사의 시선 처리는 어떻게 이루어지는가?		
		어떤 주의 집중 방법이 활용되었는가?		
	발문	창의성을 유도하며 확산적인 발문을 사용하는가?		
		학습의 강조점에 따라 음성 고저를 잘 조절하는가?		
		생각하여 답변할 시간을 주며, 어려운 질문은 격려 · 보조하는가?		
	교수 학습 자료	학습 자료는 학생의 수준에 알맞은가?		
		학습 내용에 어떻게 관련되어 활용되는가?		
		자료를 효과적으로 활용하는가?		
	판서	계획성(내용과 시기)있고 구조적으로 이뤄졌는가?		
		내용을 명확히 요약하여 판서하는가?		
	평가	학습내용의 요약, 정리가 어떻게 이루어지는가?		
		확인학습의 방법이 어떻게 이루어지는가?		
	차시 예고	학생들에게 질의 시간을 주었는가?		
		차시학습 예고가 이루어졌는가?		
환경 조성		학생과 교사 간에 상호존중의 수업 분위기가 조성되었는가?		

라. 평가 단계(Evaluation Stage)

수업 공개 참관 후 수업 관찰 결과를 중심으로 의뢰인과 컨설턴트간의 상호협동적인 논의를 통해서 수업개선을 위한 방안을 설정하도록 협의회를 실시하는 단계로서, 진단 단계에서 협의한 내용을 토대로 실행 단계에서 수업이 제대로 진행되었는지를 살펴보고 교정할 부분을 파악하여 새로 제기되는 문제나 수업기법을 다음 수업에 적용해보기 위해서 교수·학습 과정안 및 학습 자료 등을 수정하도록 한다. [표 3-4] 수업컨설팅 일지와 같이 평가 내용을 기록하여 피드백 자료로 활용하도록 한다.

□ 주요 내용

- 수업 공개 후 협의회
  - 수업 진행 상황
  - 수업개선 방안 협의(컨설팅 일지 작성)
- 수업컨설턴트의 참관록, 수업분석 결과표 공유
- 차기 수업을 위한 교정(수업 내용, 기법 등)

마. 환류 단계(Feedback Stage)

수업 공개 참관 후 협의회를 거쳐 교정된 수업을 다른 학급에 실시하는 단계로서, 의뢰인의 수업컨설팅 의뢰 목적에 비추어 변화된 정도를 파악할 수 있다. 수업컨설팅 과정에서 느낀 점들을 정리하기 위해 수업컨설팅 일지 작성을 마무리하고 필요 시 보고서도 작성한다.

<표 3-4> 수업컨설팅 일지

교 과	국어	일 시	년 월 일
수업자	○ ○ ○	컨설턴트	○ ○ ○
단 원	3. 더불어 살아가기 (1) 문학과 갈등		
컨설팅의 주안점	•교수설계의 개념과 필요성, 과정 •교수 · 학습 과정안 작성		
컨설팅 내용			

□ 주요 내용

- 교정된 수업 적용
- 의뢰교사의 수업 보완 계획
- 컨설팅 일지 마무리, 필요 시 보고서(컨설팅 일지) 작성
- 더욱 발전적인 컨설팅이 가능하도록 정보공유
- 컨설팅 종료 또는 재개 협의

2. 예비교사 수업컨설팅 절차

예비교사 수업컨설팅 절차(PDDRE 모형)는 계획 단계, 자료수집 단계, 진단 단계, 반성적 실행 단계, 평가 단계로 이루어져 있다. 예비교사 수업컨설팅 절차는 일반적인 수업컨설팅 절차와 달리, 단 한 번으로 끝나버리면 거의 효과가 없기 때문에 여러 차례 반복하여 수정 보완하고 교정하는 작업을 거쳐야 효과가 있을 것이다. 예비교사의 수업컨설팅은 사범대학 부설학교에서 교육실습을 하는 기간에 집중적으로 실시하는 것이 바람직하다.

가. 계획 단계(Planning Stage)

예비교사인 교육실습생(의뢰인)의 요청 또는 컨설턴트가 컨설팅을 제안한다. 컨설턴트가 의뢰인의 문제를 파악하고 컨설팅 내용을 확인하여 컨설팅의 수행 여부를 판단하고 컨설팅을 수용하는 단계로서 필요시 〈표 3-5〉와 같이 협약을 체결한다. 컨설턴트와 의뢰인 상호간의 신뢰 형성이 중요하며 의뢰인의 문제와 컨설팅을 수행하는 목적에 대한 기초적인 탐색 및 수업컨설팅의 일정과 방

법, 내용 등 진행 과정에 대하여 협의한다. 이 때 실습 담당교사가 수업컨설팅 관리자 역할을 수행할 수 있다.

□ 주요 내용

- 의뢰인에 대한 이해
- 컨설턴트 자신의 준비 상황
- 컨설팅 전반에 대한 공감대 형성
- 컨설팅 수행 계획 제안
- 컨설팅 협약서 체결

나. 자료수집 단계(Data Collection Stage)

교수 · 학습과 관련된 자료를 수집하는 단계로서, 수업에서의 문제점을 발견하기 위해 예비교사가 스스로 교수 · 학습 과정안을 작성하고 학습 자료를 준비하여 수업을 실행한다. 또한 스스로 실행한 수업을 녹화하거나 수업 관찰을 실시한다.

□ 주요 내용

- 교수·학습 관련 자료 수집
- 스스로 교수·학습 과정안 작성
- 수업 실행(또는 모의상황 수업)
- 수업 녹화 또는 수업 관찰

<표 3-5> 수업컨설팅 협약서

수업컨설팅 협약서

〈의뢰인〉

성 명	○ ○ ○	교육 경력	교육실습생
소 속		전 공	수 학
의뢰 영역	수업기술 및 지도안 작성 방법		
의뢰 사유	수학과 교실수업 개선		
의뢰 사항	효율적인 수업 운영		

본 의뢰인은 위와 같은 수업컨설팅을 받고자 하며, 아울러 이러한 과제를 해결하는데 있어 적극적으로 노력할 것을 약속합니다.

년 월 일

의뢰인 : ○ ○ ○ (인)

〈컨설턴트〉

성 명	○ ○ ○	교육 경력	23년
소속 기관		전 공	수 학
컨설팅 경력			

본 컨설턴트는 위와 같은 의뢰인의 컨설팅 과제를 해결하는데 있어서 적극적으로 지원할 것을 약속합니다.

년 월 일

컨설턴트 : ○ ○ ○ (인)

다. 진단 단계(Diagnosis Stage)

예비 진단 수업 실시, 수업 공개 전 협의회를 실시하는 단계이다.

예비 진단 수업을 통해 예비교사의 수업 방법 및 교수 내용 등의 내용을 검토할 수 있다. 예비 진단 수업은 직접 수업을 참관하거나 동영상 촬영 후 분석할 수도 있다.

예비 진단 수업을 실시한 이후 자기수업점검표를 작성하고(〈표 3-6〉), 교수 · 학습 과정안 및 학습 자료 검토, 컨설팅의 초점을 정하는 수업 공개 전 협의회를 실시한다. 이 때 예비교사가 모르고 있는 내용이나 잘못된 부분에 대해서는 수정을 위해 컨설턴트가 직접 실연하여 가르치도록 한다.

□ 주요 내용

- 진단에 필요한 자료 수집(필요 시 설문, 면담, 측정 도구 사용)
- 진단 실시
  - 수업 능력 진단하여 문제점 수정 보완
  - 예비 진단 수업 실시(자기수업점검표 작성)
  - 교수·학습 과정안 및 자료 검토(수정 보완)
- 수업 공개 전 협의회
  - 예비교사가 모르고 있는 내용에 대해서는 컨설턴트가 직접 가르침

<표 3-6> 자기수업점검표

<table>
<tr><td>일시</td><td>년 월 일
교시</td><td>교 과</td><td>수학</td><td>차 시</td><td>8/14</td></tr>
<tr><td>수업자</td><td colspan="2">○ ○ ○</td><td colspan="2">컨설턴트</td><td>○ ○ ○</td></tr>
<tr><td>단원</td><td colspan="5">1. 일차함수와 그래프 05. 일차함수의 식</td></tr>
<tr><td>학습
목표</td><td colspan="5">• 기울기와 y절편이 주어진 직선을 그래프로 하는 일차함수의 식을 구할 수 있다.
• 기울기와 한 점이 주어진 직선을 그래프로 하는 일차함수의 식을 구할 수 있다.</td></tr>
<tr><th>평가
영역</th><th>평가 요소</th><th colspan="4">평 가 내 용</th></tr>
<tr><td>수업
계획</td><td>수업 설계</td><td colspan="4"></td></tr>
<tr><td rowspan="5">교수
·
학습
활동</td><td>동기 유발</td><td colspan="4"></td></tr>
<tr><td>수업 운영</td><td colspan="4"></td></tr>
<tr><td>자료 및
학습매체</td><td colspan="4"></td></tr>
<tr><td>학습 태도</td><td colspan="4"></td></tr>
<tr><td>학습 정리</td><td colspan="4"></td></tr>
<tr><td>평가</td><td>평가 활동</td><td colspan="4"></td></tr>
<tr><td colspan="2">본 수업에서
좋았던 점</td><td colspan="4"></td></tr>
<tr><td colspan="2">본 수업에서
개선해야 할 점</td><td colspan="4"></td></tr>
</table>

라. 반성적 실행 단계(Reflection Implementation Stage)

실제 수업 공개를 통해 수업컨설팅을 구체화하는 단계이다. 먼저, 수업컨설팅 진단에 기초한 교수·학습 과정안을 재구성한다. 수업은 직접 실시하거나 동영상 촬영 후 분석할 수도 있지만 가급적 직접 참관하는 것이 좋다. 컨설턴트는 수업에 참관하여 교수·학습활동 분석표를 작성한다(〈표 3-7〉 참조). 이때 수업의 관찰과 기록은 진단 단계의 협의회에서 예비교사와 협의한 내용에 초점을 두고 관찰한다.

□ 주요 내용

- 진단을 기초로 교수·학습 과정안 재구성
- 공개 수업 실시
- 직접 수업참관(필요 시 동영상 촬영)
  - 컨설턴트, 동료 예비교사 등
- 컨설턴트의 교수·학습활동 분석표 작성
- 수업관찰과 기록

<표 3-7> 교수 · 학습활동 분석표

일시	년 월 일 교시	대상	2학년 4반	장소	교육정보실
교과	수학	수업자	○ ○ ○	컨설턴트	○ ○ ○
단원	2. 일차함수의 활용 01. 일차함수와 일차방정식				

영역		관 찰 요 소	의 견	
			우수한 점	개선할 점
수업 설계		사전 교재연구를 철저히 하였는가?		
		교수 · 학습 목표가 행동변화를 가져오도록 진술되었는가?		
		교수 · 학습 계획이 학습 유형에 알맞게 짜여졌는가?		
교수 · 학습활동	도입 단계	전시학습을 적절히 상기시켰는가?		
		동기유발에는 어떤 아이디어가 사용되었는가?		
	학습 목표 제시	학습목표를 어떤 방법으로 제시하였는가?		
		구체적이고 행동적인 용어로 진술되었는가?		
		동기유발과 관련지어 학습목표를 제시하였는가?		
	학습 활동	학습은 학생이 주체가 되어 진행되고 있는가?		
		학습 활동에 학생의 참여도가 높도록 어떤 방법으로 유도하고 있는가?		
		발표 및 활동 기회를 다수에게 제공하고, 수업 난이도와 속도를 어떻게 조절하는가?		

	교사 태도	수업 중 적절한 제스처(손 동작, 몸짓)를 사용하는가?		
		교사의 시선 처리는 어떻게 이루어지는가?		
		어떤 주의 집중 방법이 활용되었는가?		
	발문	창의성을 유도하며 확산적인 발문을 사용하는가?		
		학습의 강조점에 따라 음성 고저를 잘 조절하는가?		
		생각하여 답변할 시간을 주며, 어려운 질문은 격려 · 보조하는가?		
	교수 학습 자료	학습 자료는 학생의 수준에 알맞은가?		
		학습 내용에 어떻게 관련되어 활용되는가?		
		자료를 효과적으로 활용하는가?		
	판서	계획성(내용과 시기)있고 구조적으로 이뤄졌는가?		
		내용을 명확히 요약하여 판서하는가?		
	평가	학습내용의 요약, 정리가 어떻게 이루어지는가?		
		확인학습의 방법이 어떻게 이루어지는가?		
	차시 예고	학생들에게 질의 시간을 주었는가?		
		차시학습 예고가 이루어졌는가?		
환경 조성		학생과 교사 간에 상호존중의 수업분위기가 조성되었는가?		

마. 평가 단계(Evaluation Stage)

반성적 평가단계로서, 수업 공개 참관 후 수업 관찰 결과를 중심으로 협의회를 통해 예비교사와 컨설턴트가 수업개선을 위한 방안을 설정한다. 먼저, 예비교사가 자신의 수업을 되돌아보고 자기평가를 하도록 하고, 수업관찰 결과를 중심으로 컨설팅 전체 과정에 대한 평가와 소감을 예비교사와 컨설턴트가 상호 피드백을 한다. 그리고 예비교사의 수업능력 향상을 위한 추가 방안을 제시할 수 있다.

□ 주요 내용

- 예비교사의 자기 수업 평가
- 필요 시 차기 수업을 위한 교정(수업 내용, 기법 등)
- 컨설팅 전체 과정 평가와 소감 피드백
- 수업능력 향상 위한 추가방안 제시
- 컨설팅 일지 마무리, 필요 시 보고서 작성

<표 3-8> 수업컨설팅 일지

교 과	수학	일 시	년 월 일 교시
수업자	○ ○ ○	컨설턴트	○ ○ ○
단 원	2. 일차함수의 활용 01. 일차함수와 일차방정식		
컨설팅의 주안점	1. 모둠활동의 활성화 방법 2. 단위 시간 내에 학습목표에 충실한 학습활동 전개		
컨설팅 내용			

3. 교과별 수업컨설팅 절차

우리나라의 교과별 수업 컨설팅 연구는 2005년 사회, 수학, 과학, 미술, 영어 교과를 중심으로 시작되었다(이경언, 2007). 교과별 수업컨설팅은 교과의 내용과 교수법에 기초한 전문화된 수업능력을 분석하는 것으로서, 내용 교수법(PCK: Pedagogical Content Knowledge) 즉, '학생들이 잘 이해할 수 있도록 교사가 내용지식(주제, 개념, 원리 등)을 지도하는 교수방법'에 대한 지식의 이해를 기초로 하고 있다.

여기에서 교과별 수업컨설팅 절차는 일반 수업컨설팅 절차인 ① 계획 단계(Planning Stage), ② 진단 단계(Diagnosis Stage), ③ 실행 단계(Implementation Stage), ④ 평가 단계(Evaluation Stage), ⑤ 환류 단계(Feedback Stage)의 모든 단계에 교과별로 내용 교수법(PCK)을 적절히 흡수 접목하여 적용한다.

Chapter IV

수업컨설팅의 실제

1. 단위학교의 수업컨설팅 사례
2. 예비교사의 수업컨설팅 사례
3. 지원기관의 수업컨설팅 사례

CHAPTER IV

수업컨설팅의 실제

앞 장에서 수업컨설팅 이론을 바탕으로 다양한 컨설팅 모형의 탐색을 통해 새로운 수업컨설팅 일반모형(PDIEF 모형), 예비교사 수업컨설팅 모형(PDDRE 모형)과 절차를 제시하였다. 이 장에서는 새로운 절차와 방법에 따라 본교에서 실제 적용하여 실시한 단위 학교의 수업컨설팅 사례와 예비교사의 수업컨설팅 사례, 그리고 지원기관의 수업컨설팅 사례를 소개하고자 한다.

1. 단위 학교의 수업컨설팅 사례

본교에서는 국어, 수학, 영어, 사회, 과학교과를 중심으로 2011년 4월에서 5월까지 수업컨설팅을 실시하였다. 각 교과별로 교육경력이 낮거나 컨설팅을 희망하는 교사가 의뢰인이 되고, 동료교사 중 교육경력이 많거나 장학위원으로 활동한 경험이 있는 교사가 컨설턴트로 활동하였다. 이 장에서는 대표로 국어과 수업컨설팅 사례에 대해 소개하고자 한다.

[국어과 수업컨설팅 사례]

의뢰인은 경력 12년의 ○○○선생님으로서 경력 18년의 ○○○선생님을 컨설턴트로 맞이하여 창의적인 국어 수업 방법에 대해 컨설팅을 의뢰하였다. 수업컨설팅 협약을 체결하고 컨설팅 일정을 정한 후 의뢰인은 예비 진단 수업을 동영상으로 촬영하여 진단 단계에서 컨설팅의 초점을 정하였다. 수업공개 전 협의회를 거쳐 1학년 1반을 대상으로 실제 수업 공개와, 수업참관 후 협의회를 통해 교수·학습 과정안, 학습 자료, 교수법 등을 교정하여 같은 내용의 수업을 1학년 5반에서 실시하고 수업컨설팅을 진행하면서 교수 방법을 개선하고자 하였다.

1차시 수업컨설팅 절차

1차시 수업컨설팅은 1학년 1반과 1학년 5반을 대상으로 '(2) 면담하기' 단원을 통해 실시하였다. 1차시 수업컨설팅은 교수설계의 필요성과 과정, 교수·학습 과정안 작성에 대하여 주로 컨설팅 하였다.

◈ 계획 단계(Planning Stage)

① 수업컨설팅 협약서 체결

본교에서는 담당 부서의 수업컨설팅 관리자에 의해 수업컨설팅 전반에 대한 안내가 이루어졌고, 교과부장 협의회 실시를 통해 컨설팅을 희망하는 의뢰인과 의뢰인에게 도움을 줄 컨설턴트를 신청 받기로 하였다. 그 후 국어과 협의회를 열어 수업컨설팅에 대해 서로 이야기를 나누었다. 수업컨설팅 의뢰인을 올해 전입교사 중 희망자로 하고 컨설턴트는 희망자보다 교육경력이 많고 컨설팅 경험이 있는 교사로 하기로 하였다. 국어과 협의회 후, 올해 전입교사 중 ○○○선생님이 효과적인 국어 수업 방법 구안 및 적용을 위해 수업컨설팅 관리자에게 수업컨설팅 의뢰를 신청하였고, 경력 18년의 ○○○선생님이 수업컨설팅 관리자에게 컨설턴트를 신청하였다. 수업컨설팅 관리자에 의해 회의실에서 의뢰인과 컨설턴트가 처음 만나 컨설팅의 수행 여부를 판단하고 〈표 4-1〉과 같이 4월 4일 컨설팅 협약을 체결하였다.

<표 4-1> 수업컨설팅 협약서

수업컨설팅 협약서

〈의뢰인〉

성　　명	○ ○ ○	교육 경력	12년
소　　속	전남대학교사범대학 부설중학교	전　　공	국어
의뢰 영역	국어과 수업 개선		
의뢰 사유	효과적인 국어 수업 방법 구안 및 적용		
의뢰 사항	수업 방법의 전반적인 개선책 연구		

본 의뢰인은 위와 같은 수업컨설팅을 받고자 하며, 아울러 이러한 과제를 해결하는데 있어 적극적으로 노력할 것을 약속합니다.

2011년　4월　4일

의뢰인 : ○ ○ ○ (인)

〈컨설턴트〉

성명	○ ○ ○	교육 경력	18년
소속 기관	전남대학교사범대학 부설중학교	전공	국어
컨설팅 경력	3년		

본 컨설턴트는 위와 같은 의뢰인의 컨설팅 과제를 해결하는데 있어서 적극적으로 지원할 것을 약속합니다.

2011년　4월　4일

컨설턴트 : ○ ○ ○ (인)

② 수업컨설팅 일정 계획

〈표 4-2〉와 같이 3차시 수업에 대한 컨설팅 일정은 의뢰인과 컨설턴트의 시간표를 보고 컨설턴트가 의뢰인의 수업을 직접 참관할 수 있도록 시간을 정하고, 각 차시의 단계별로 컨설팅 주안점을 협의하였다.

<표 4-2> 수업컨설팅 일정

차시	단계	컨설팅 날짜	컨설팅 주안점
1차시	계획	2011.04.04.	• 컨설팅 전반에 대한 공감대 형성 • 컨설팅 협약 체결 • 컨설팅 일정 계획
	진단	2011.04.12.	• 교수설계의 개념과 필요성, 과정 • 교수 · 학습 과정안 작성
	실행, 평가	2011.04.14.	• 단위 시간(45분)에 적당한 학습 분량 정하기 • 학습 동기 유발과 학습 목표와의 연관성 돌아보기
	환류	2011.04.15.	• 가르치고자 하는 핵심 내용 부각시키기 • 학습 내용의 내면화 • 학습지 내용의 적합성
2차시	진단	2011.04.19.	• 발문과 응답 • 발문 유형
	실행, 평가	2011.04.21.	• 학습목표 제시의 다양한 방법
	환류	2011.04.22.	• 과제 제시와 차시 예고
3차시	진단	2011.05.11.	• 교육과정의 성취 기준과의 연관성 • 판서
	실행, 평가	2011.05.12.	• 수업의 흐름 및 분위기 • 교사의 시범 보이기 활동
	환류	2011.05.13.	• 주의 집중하기 • 컨설팅 전반에 대한 협의

◈ 진단 단계(Diagnosis Stage)

① 예비 진단 수업을 통한 자기수업점검표 작성

예비 진단 수업은 1학년 2반을 대상으로 '(2) 면담하기'라는 단원을 실시하면서 수업을 녹화하였다. 예비 진단 수업을 녹화한 후, 의뢰인 스스로 녹화한 수업을 분석하여 수업 방법 및 교수 내용, 학생들의 태도 등을 검토해 〈표 4-3〉과 같이 자기수업점검표를 작성해 봄으로서, 의뢰인은 이를 토대로 어떤 점을 컨설팅 받을 것인지 구체적으로 생각해 볼 수 있다.

<표 4-3> 자기수업점검표(예비 진단 수업)

일시	2011년 4월 6일 수요일 3교시	교과	국어	차시	9 / 10
수업자	○ ○ ○	대상	1학년 2반	컨설턴트	○ ○ ○
단원	1. 우리는 중학생 (2) 면담하기				
학습 목표	1. 면담의 목적을 말할 수 있다. 2. 면담하기의 과정에서 유의할 점을 말할 수 있다.				

평가 영역	평가 요소	평 가 내 용
수업 계획	수업 설계	• 면담의 목적과 과정을 알고, 면담하기의 과정에서 유의할 점을 파악하기 위한 적절한 구성과 시간 배분을 적절히 계획함. • 수업 분량에 대한 설계가 미흡하여 시간이 부족했음.
교수 · 학습 활동	동기 유발	• 동기 유발을 위한 적절한 자료를 제시하였으나, 학생들이 영상에 등장하는 배우들에 대한 목표 외적인 관심을 많이 표현해 약간 어수선해짐.
	수업 운영	• 면담하기의 유의할 점을 설명하는 과정에서 약간 지루해 하며 집중하지 못하는 학생들이 생김.
	자료 및	• PPT, 동영상, 학습지 등의 자료를 사용하여 학생들이

	학습매체	지루하지 않게 수업에 참여할 수 있도록 하였음.
	학습 태도	• 의욕적으로 발표하고, 학습지를 완성하려고 노력함. • 설명 부분에서 집중력이 떨어지는 학생이 보임.
	학습 정리	• 학습 목표를 바탕으로 핵심 개념을 간결하게 설명함.
평가	평가 활동	• 본시 확인 학습 문제를 3문제로 구성하였으나, 학생 활동에서 예상보다 시간이 많이 걸려 문제 풀이에 대한 피드백이 충분히 이루어지지 못하고, 문제 풀이를 하는 정도로 마무리 되었음.
본 수업에서 좋았던 점		• 면담의 과정을 생소하게 받아들이지 않고, 주변에서 자주 볼 수 있으며, 실제로 자신에게 도움이 되는 활동이라는 점을 알아갈 수 있어서 유익했음.
본 수업에서 개선해야 할 점		• 수업 분량에 대한 사전 계획이 보다 철저히 이루어져야겠으며, 설명 부분에서 집중력을 높일 수 있는 방안에 대한 고민이 필요하겠음.

② 수업 공개 전 협의회 실시

교수 · 학습 과정안 및 학습 자료 검토, 컨설팅의 초점을 정하는 수업 공개 전 협의회를 실시하여 〈표 4-4〉와 같이 수업컨설팅 일지를 작성하였다. 협의회에서는 예비 진단 수업을 통해 나타난 수업의 장단점을 고려하고 학습 자료에 대한 구체적인 협의를 통해 학습 효과를 극대화 할 수 있는 자료를 준비한다.

<표 4-4> 수업컨설팅 일지(1회)

<table>
<tr><td>교 과</td><td>국어</td><td>일 시</td><td>2011년 4월 12일 방과후</td></tr>
<tr><td>수업자</td><td>○ ○ ○</td><td>컨설턴트</td><td>○ ○ ○</td></tr>
<tr><td>단 원</td><td colspan="3">3. 더불어 살아가기 (1) 문학과 갈등</td></tr>
<tr><td>컨설팅의 주안점</td><td colspan="3">• 교수설계의 개념과 필요성, 과정
• 교수 · 학습 과정안 작성</td></tr>
<tr><td>컨설팅 내용</td><td colspan="3">1. 교수 설계의 개념
• 수업목표를 학습자들에게 효율적으로 성취시키기 위하여 수행되어야 할 제반활동과 요소를 계획하는 활동

2. 교수 설계의 필요성
• 학습자 중심의 수업목표 선정
• 수업목표 달성을 위한 최적의 수업 환경 구성
• 수업 효과의 극대화
• 수업 개선의 효과
• 수업 과정 중에 오류나 실패의 사전 교정

3. 교수 설계의 과정
• 학습목표와 학습내용을 결정하는 과정
• 학습자료, 학습 환경, 학습전략, 수업 매체 등을 수업 체제 속에 조직화하는 과정
• 수업목표 달성을 평가하기 위한 평가도구의 개발, 평가의 시기, 방법, 결과의 활용 방안 등을 구안하는 과정

4. 교수 · 학습 과정안 작성
• 수업을 위한 교재 연구에는 본시에 적용되는 교수 · 학습 모형의 탐색, 본시와 관련한 교육과정 분석, 학습 형태 등도 포함되어야 함.
• 본시 교수 · 학습 지도 계획에서 학습과제 분석, 학습자 실태 분석 및 선수 학습 능력 분석, 수업자 수업 설계, 학습모형 및 전략, 교수 · 학습자료, 칠판 활용계획, 본시 평가 계획 등을 미리 수립하도록 조언함.</td></tr>
</table>

◈ 실행 단계(Implementation Stage)

① 교수 · 학습활동 분석표 작성

1학년 1반을 대상으로 '(1) 문학과 갈등'이라는 단원의 실제 수업을 참관하면서 컨설턴트는 〈표 4-5〉와 같이 교수 · 학습활동 분석표를 작성하였다.

<표 4-5> 교수 · 학습활동 분석표

일 시	2011년 4월 14일 6교시	대 상	1학년 1반	장 소	1-1 교실
교 과	국 어	수업자	○ ○ ○	컨설턴트	○ ○ ○
단 원	3. 더불어 살아가기 (1) 문학과 갈등				

<table>
<tr><th colspan="2" rowspan="2">영역</th><th rowspan="2">관 찰 요 소</th><th colspan="2">의 견</th></tr>
<tr><th>우수한 점</th><th>개선할 점</th></tr>
<tr><td colspan="2" rowspan="3">수업 설계</td><td>사전 교재연구를 철저히 하였는가?</td><td rowspan="3">- 학습자료, 학습 환경, 학습 전략, 수업 매체 등을 수업체제 속에 조직화하는 과정이 치밀하고 준비성이 뛰어남.</td><td rowspan="3">- 전체 소단원 학습목표가 '문학 작품에 드러난 갈등의 해결 과정과 인물의 심리 변화를 파악할 수 있다'이므로 '갈등'을 중점적으로 다루는 것이 좋을 듯함.</td></tr>
<tr><td>교수 · 학습 목표가 행동변화를 가져오도록 진술되었는가?</td></tr>
<tr><td>교수 · 학습 계획이 학습 유형에 알맞게 짜여졌는가?</td></tr>
<tr><td rowspan="4">교수 · 학습활동</td><td rowspan="2">도입 단계</td><td>전시학습을 적절히 상기시켰는가?</td><td rowspan="4">- 일상생활에서 흔히 경험할 수 있는 갈등 상황을 제시한 동영상을 감상함으로써 '갈등'에 대한 흥미를 유발하고 이를 학습목표로 자연스럽게 이끌어 들인 점이 높이 평가할</td><td rowspan="4">- 두 가지 학습 목표를 모두 다루기에 시간이 부족한 면이 있음. 가르치고자 하는 의욕이 많다 보니 과중한 목표를 설정한 듯 보이나 문학작품에서 갈등이 차지하는 비중이</td></tr>
<tr><td>동기유발에는 어떤 아이디어가 사용되었는가?</td></tr>
<tr><td rowspan="2">학습 목표 제시</td><td>학습목표를 어떤 방법으로 제시하였는가?</td></tr>
<tr><td>구체적이고 행동적인 용어로 진술되었는가?</td></tr>
</table>

<table>
<tr><td></td><td>동기유발과 관련지어 학습목표를 제시하였는가?</td><td rowspan="4">만함. 동기 유발 자료가 단순히 흥미 유발에 머무르는 것이 아니라 학습 목표에 한 걸음 다가가기 위한 포석임을 잘 알고 수업 속에 활용하고 있음.</td><td rowspan="4">크고 중요하므로 학습목표 2는 간단하게 다루거나 다음 시간으로 넘기는 것이 좋겠음.</td></tr>
<tr><td rowspan="3">학습 활동</td><td>학습은 학생이 주체가 되어 진행되고 있는가?</td></tr>
<tr><td>학습 활동에 학생의 참여도가 높도록 어떤 방법으로 유도하고 있는가?</td></tr>
<tr><td>발표 및 활동 기회를 다수에게 제공하고, 수업 난이도와 속도를 어떻게 조절하는가?</td></tr>
<tr><td rowspan="3">교사 태도</td><td>수업 중 적절한 제스처(손동작, 몸짓)를 사용하는가?</td><td rowspan="11">- 학생들의 경험을 외적 갈등과 내적 갈등으로 나누고 서로 이야기 나눔으로써, 국어 수업이 비단 문학 이론에만 머무르는 것이 아니라 학생들의 삶 속에서 하나가 될 수 있도록 한 점이 돋보임. 수업에서 학생들의 참여를 이끌어 내기 위해 수업 내용을 단순히 발표하도록 하는데서 끝나는 것이 아니라 학습 내용을 내면화한 점이 뛰어난 수업이었음.</td><td rowspan="11">- 지나치게 많은 학습목표나 활동은 학습 부담을 높일 뿐만 아니라 수업의 진행을 빠르게 하여 학습 내용이 학생들에게 충분히 체험되고 내면화되지 못하게 한다. 학생들은 수업 내용을 충분히 인지하지 못하고 있는 경우가 많으며, 학급에는 학업성취도 면에서 보통이나 그 이하 수준의 학생들이 있음을 충분히 고려하여야 함.</td></tr>
<tr><td>교사의 시선 처리는 어떻게 이루어지는가?</td></tr>
<tr><td>어떤 주의 집중 방법이 활용되었는가?</td></tr>
<tr><td rowspan="3">발문</td><td>창의성을 유도하며 확산적인 발문을 사용하는가?</td></tr>
<tr><td>학습의 강조점에 따라 음성 고저를 잘 조절하는가?</td></tr>
<tr><td>생각하여 답변할 시간을 주며, 어려운 질문은 격려 · 보조하는가?</td></tr>
<tr><td rowspan="3">교수 학습 자료</td><td>학습 자료는 학생의 수준에 알맞은가?</td></tr>
<tr><td>학습 내용에 어떻게 관련되어 활용되는가?</td></tr>
<tr><td>자료를 효과적으로 활용하는가?</td></tr>
<tr><td rowspan="2">판서</td><td>계획성(내용과 시기)있고 구조적으로 이뤄졌는가?</td></tr>
<tr><td>내용을 명확히 요약하여 판서하는가?</td></tr>
</table>

	평가	학습내용의 요약, 정리가 어떻게 이루어지는가?	- 친절하고 꼼꼼한 학습 내용의 요약과 정리로 수업 효과를 극대화함.	
		확인학습의 방법이 어떻게 이루어지는가?		
	차시 예고	학생들에게 질의 시간을 주었는가?		
		차시학습 예고가 이루어졌는가?		
환경 조성		학생과 교사 간에 상호존중의 수업 분위기가 조성되었는가?	- 교사와 학생 사이에 래포 형성이 잘 되어 있음.	

② 자기수업점검표 작성

수업 공개 후 의뢰인은 자기 수업을 스스로 평가하고 〈표 4-6〉과 같이 자기수업점검표를 작성하였다.

<표 4-6> 자기수업점검표

일시	2011년 4월 14일 목요일 6교시	교과	국어	차시	1 / 10
수업자	○ ○ ○	대상	1 학년 1 반	컨설턴트	○ ○ ○
단원	3. 더불어 살아가기 (1) 문학과 갈등				
학습 목표	1. 문학 작품 속에 나타나는 갈등의 유형과 역할을 말할 수 있다. 2. 소설의 구성 단계에 따라 '자전거 도둑'의 내용을 파악할 수 있다.				
평가 영역	평가 요소	평 가 내 용			
수업 계획	수업 설계	• 문학 작품에서 나타나는 갈등의 유형을 알고, 갈등을 바탕으로 구성 단계에 대한 이해에 도달할 수 있도록 구성함. • 이론적인 학습이 개인적인 경험과 연결될 수 있도록 하는데 비			

		중을 둠.
교수·학습 활동	동기 유발	• 일상생활에서 접할 수 있는 갈등 상황을 제시하여 학생들의 다양한 경험을 들을 수 있었음. 자연스럽게 접근하는 방법으로 적절함.
	수업 운영	• 수업 분량이 다소 많았으며, 학습지의 답란이 지나치게 개방적이어서, 개념을 처음 배운 학생들에게는 어려웠음. 이에 따라 시간이 부족하여 시간에 쫓기는 부분이 있었음.
	자료 및 학습 매체	• PPT, 동영상, 학습지 등의 자료를 사용하여 학생들이 지루하지 않게 수업에 참여할 수 있도록 하였음. • 학습지를 작성하는 시간이 계획된 것보다 오래 걸려서 학습지 수정이 필요함.
	학습 태도	• 개인적인 경험과 관련된 발표에 활발한 참여가 있어서 좋았음. • 구성 단계에 대한 설명 부분은 어려워하였으나, 학급 학생 1명을 예로 구성 단계의 특징이 드러나는 짧은 소설을 작성해서 예시로 제시하니 매우 흥미로워함.
	학습 정리	• 시간이 부족하여 학습 정리 부분이 미약하여 아쉬움.
평가	평가 활동	• 본시 확인 학습 문제에 대한 풀이 과정에서 학생들의 개별적인 반응을 확인할 수 있는 다양한 방법 마련이 필요함.
본 수업에서 좋았던 점		• 갈등에 대한 학습이 소설 속에 등장하는 이론적인 내용이 아니라 우리가 흔히 접하는 상황 속에서 발견할 수 있으며, 이것을 문학으로 자연스럽게 연결 지을 수 있어서 학생들의 참여를 이끌어 낼 수 있었음. • 갈등 유형에 대한 드라마 동영상 자료를 활용하여 학생들이 흥미를 가지고 학습에 임하는 모습을 볼 수 있었음.
본 수업에서 개선해야 할 점		• 구성 단계에 대한 설명과 그것을 바탕으로 한 구성 단계별 내용 정리에서는 구성 단계에 대해 잘 이해한 학생이라 할지라도 줄거리를 요약하는 것에 어려움을 느껴 시간이 많이 걸렸으며, 교사 주도의 학습 정리가 되었음.

◈ 평가 단계(Evaluation Stage)

수업 참관 후, 의뢰인과 컨설턴트간의 상호협동적인 논의를 통해 수업개선을 위한 방안을 설정하도록 협의회를 실시하고 〈표 4-7〉과 같이 수업컨설팅 일지를 작성하여 활용하였다.

<표 4-7> 수업컨설팅 일지(2회)

교 과	국어	일 시	2011년 4월 14일 방과후
수업자	○ ○ ○	컨설턴트	○ ○ ○
단 원	3. 더불어 살아가기　(1) 문학과 갈등		
컨설팅의 주안점	1. 단위 시간(45분)에 적당한 학습 분량 정하기 2. 학습 동기 유발과 학습 목표와의 연관성 돌아보기		
컨설팅 내용	1. 단위 시간(45분)에 적당한 학습 분량 정하기 - '학습목표 1. 문학 작품 속에 나타나는 갈등의 유형과 역할을 말할 수 있다.' '학습목표 2. 소설의 구성 단계에 따라 '자전거 도둑'의 내용을 파악할 수 있다.' 두 가지 학습목표를 모두 다루기에 시간이 부족한 면이 있음. 가르치고자 하는 의욕이 많다 보니 과중한 목표를 설정한 듯 보이나 문학작품에서 갈등이 차지하는 비중이 크고 중요하므로 학습목표 2는 간단하게 다루거나 다음 시간으로 넘기는 것이 좋겠다고 조언함. - 지나치게 많은 학습목표나 활동은 학습 부담을 높일 뿐만 아니라 수업의 진행을 빠르게 하여 학습 내용이 학생들에게 충분히 체험되고 내면화되지 못하게 한다. 학생들은 수업 내용을 충분히 인지하지 못하고 있는 경우가 많으며, 학급에는 학업성취도 면에서 보통이나 그 이하 수준의 학생들이 있음을 충분히 고려하여야 한다. 2. 학습 동기 유발과 학습 목표와의 연관성 돌아보기 - 일상생활에서 흔히 경험할 수 있는 갈등 상황을 제시한 동영상을 감상함으로써 '갈등'에 대한 흥미를 유발하고 이를 학습 목표로 자연스럽게 이끌어 들인 점이 높이 평가할 만함. 동기 유발 자료가 단순히 흥미 유발에 머무르는 것이 아니라 학습 목표에 한 걸음 다가가기 위한 포석임을 잘 알고 수업 속에 활용하고 있음.		

◈ 환류 단계(Feedback Stage)

1학년 1반에 실시했던 같은 내용의 교정된 교수법, 교수·학습 과정안, 수업 자료 등을 1학년 5반에 적용해 본 후, 협의회를 통해 〈표 4-8〉과 같이 수업컨설팅 일지를 작성하였다.

<표 4-8> 수업컨설팅 일지(3회)

<table>
<tr><td>교 과</td><td>국어</td><td>일 시</td><td>2011년 4월 15일 5교시</td></tr>
<tr><td>수업자</td><td>○ ○ ○</td><td>컨설턴트</td><td>○ ○ ○</td></tr>
<tr><td>단 원</td><td colspan="3">3. 더불어 살아가기 (1) 문학과 갈등</td></tr>
<tr><td>컨설팅의 주안점</td><td colspan="3">1. 가르치고자 하는 핵심 내용 부각시키기
2. 학습 내용의 내면화
3. 학습지 내용의 적합성</td></tr>
<tr><td>컨설팅 내용</td><td colspan="3">1. 가르치고자 하는 핵심 내용 부각시키기
- '3. 더불어 살아가기 (1) 문학과 갈등'의 전체 소단원 학습목표가 '문학작품에 드러난 갈등의 해결 과정과 인물의 심리 변화를 파악할 수 있다'이므로 '갈등'을 중점적으로 다루는 것이 좋을 듯함.
2. 학습 내용의 내면화
- 전개 단계에서 '자신의 경험에 비추어 갈등의 유형을 이해'하도록 학생들의 경험에서 외적 갈등과 내적 갈등에 해당하는 경험을 학습지에 정리하고 발표하게 하여, 국어 수업이 비단 문학 이론에만 머무르는 것이 아니라 학생들의 삶 속에서 하나가 될 수 있도록 한 점이 돋보임. 수업에서 학생들의 참여를 이끌어 내기 위해 수업 내용을 단순히 학생들이 발표하도록 하는 데서 끝나는 것이 아니라 학습 내용을 내면화한 점이 뛰어난 수업이었음.
3. 학습지 내용의 적합성
- 학습지 2의 '구성 단계에 따라 〈자전거 도둑〉 내용 정리하기' 에서 내용을 그냥 써 보라고 하지 않고 소설 장면을 제시하여 내용을 유추하게 한 점은 학생들의 관심을 끌어들이고 줄거리를 다시 한 번 떠오르게 하는 효과가 있음.
- 사건 전개 과정에 따른 내용을 쓰는 5칸을 모두 채우라고 하지 않</td></tr>
</table>

	고 3칸은 미리 써주고 구성 단계의 특성을 보여주는 핵심 단어만 넣게 하여 교사가 시범 보이기를 함으로써 학생이 보다 쉽게 학습할 수 있도록 친절하게 배려한 점이 좋으며, 수업 시간에 적합한 분량으로 조정한 점도 높이 평가할 만함.

◈ 교수·학습활동 자료 - 수정 전

① 교수 · 학습 과정안

<table>
<tr><td rowspan="2">교 과</td><td rowspan="2">국어과</td><td>학년반</td><td colspan="4">1-1</td></tr>
<tr><td>장소</td><td>1-1교실</td><td colspan="2">지도교사</td><td>○○○</td></tr>
<tr><td rowspan="2">단원명</td><td colspan="3" rowspan="2">3. 더불어 살아가기 (1) 문학과 갈등</td><td rowspan="2">차시</td><td rowspan="2">1/10</td><td>관 련</td></tr>
<tr><td>5-1 감동의 울림</td></tr>
<tr><td>학 습
목 표</td><td colspan="6">1. 문학 작품 속에 나타나는 갈등의 유형과 역할을 말할 수 있다.
2. 소설의 구성 단계에 따라 ‘자전거 도둑’의 내용을 파악할 수 있다.</td></tr>
<tr><td>학 습
자 료</td><td colspan="6">학습지, 컴퓨터(PPT자료, 동영상 자료)</td></tr>
</table>

<table>
<tr><td rowspan="2">지 도
단 계
(시간)</td><td rowspan="2">학습
내용</td><td colspan="2">교수 · 학습 활동</td><td rowspan="2">자료 및
지도상
유의점</td></tr>
<tr><td>교사 활동</td><td>학생 활동</td></tr>
<tr><td rowspan="3">도입
(5분)</td><td>수업의
분위기
조성</td><td>▶ 상호 인사 후 학습 분위기를 조성한다.
- 주변을 정리시키고 바른 자세로 앉게 한다.</td><td>▷ 상호 인사한다.
- 바른 자세로 인사하며 주변을 정리하고 수업을 준비한다.</td><td rowspan="3">PPT</td></tr>
<tr><td></td><td>▶ 출석 여부를 확인한다.
- 결석한 학생의 유무를 파악한 후 출석부에 기재한다.</td><td>▷ 출석 여부를 확인한다.
- 결석한 사람이 있으면, 선생님께 말씀드린다.</td></tr>
<tr><td>전시 학습
확인</td><td>▶ 단원명을 제시하고 전시 학습을 확인한다.
- 면담의 목적 4가지를 질문하고 답하게 한다.</td><td>▷ 지난 시간에 배운 내용을 확인한다.
- 지난 시간에 배운 내용을 머릿속에 떠올리며 문제를 푼다.</td></tr>
</table>

<table>
<tr><td></td><td>학습 동기 유발</td><td>▶ 학습 동기를 유발한다.
- 일상 속에서 흔히 경험할 수 있는 갈등 상황을 제시한 화면을 보며, 자신이 경험한 갈등을 떠올려 보게 한다.</td><td>▷ 흥미를 가지고 살펴본다.
- 화면을 주의 깊게 살펴보며 오늘 배울 내용에 대해 관심을 가진다.</td><td></td></tr>
<tr><td></td><td>학습 목표 제시</td><td>▶ 학습 목표를 제시한다.
- 학습 목표를 파워포인트로 제시하고 다함께 큰 소리로 읽게 하여 오늘 배울 내용을 학생들에게 인지시킨다.</td><td>▷ 학습 목표를 확인한다.
- 학습 목표를 큰 소리로 읽으면서 오늘 배울 내용이 무엇인지 인지한다.</td><td></td></tr>
<tr><td></td><td>학습목표 1.</td><td>▶ 문학 작품 속에 나타나는 갈등의 유형을 예시 자료를 통해 설명한다.
- 영상, 그림 화면을 통해 갈등의 유형을 이해할 수 있는 예시 자료를 제시하고, 이를 바탕으로 갈등의 유형을 설명한다.</td><td>▷ 설명을 듣고 갈등의 유형을 이해한다.
- 예시 자료를 잘 살펴보고 각각에 해당하는 갈등의 유형을 파악한다.</td><td>PPT</td></tr>
<tr><td>전개
(35분)</td><td></td><td colspan="2">〈문학 작품 속에 나타나는 갈등〉
<table><tr><td>갈등의 뜻</td><td>사람과 사람 사이에서 서로 생각이나 의견이 달라서 맞서거나, 한 사람의 마음이 복잡하게 얽혀 있는 상태</td></tr><tr><td>갈등의 유형</td><td>‣ 외적 갈등
· 개인과 개인의 갈등 : 소설 속에서 중심 역할을 하는 긍정적 인물과 그에 반대하는 부정적 인물 사이의 갈등
· 개인과 사회의 갈등 : 개인이 살아가면서 겪는 사회의 관습이나 제도와의 갈등
· 개인과 자연의 갈등 : 헤밍웨이의 ‘노인과 바다’와 같은 소설에서 나타나는 인간과 자연의 갈등
· 개인과 운명의 갈등 : 개인의 삶이 어쩔 수 없는 운명에 의해 좌우되는 데에서 오는 갈등. 김동리의</td></tr></table></td><td>PPT,
동영상,
소단원
학습지1</td></tr>
</table>

		(계속) ‘역마’와 같은 작품에 잘 나타남. ‣ **내적 갈등** 마음속에 둘 이상의 상반된 욕구가 동시에 존재하여 곤란을 느끼는 상태. 즉 한 인물 내부의 심리적 모순 대립에 의한 갈등. 양심과 비양심. 사랑과 증오, 선의(善意)와 악의(惡意)의 갈등이 그 예. **문학 작품과 갈등**: ‣ **문학에서의 갈등** 문학 작품에서 갈등은 사건을 전개시키고 사건 전개의 필연성을 부여하며, 작품에 극적 긴장감을 줌으로써 흥미를 고조시킨다. 또한 갈등을 통해 인물의 성격이 드러나고, 갈등 해결 과정을 통해 주제가 드러난다.		
전개 (35분)	학습목표 2.	▶ **자신의 경험에 비추어 갈등의 유형을 이해하게 한다.** - 자신의 경험에서 외적 갈등과 내적 갈등에 해당하는 경험을 학습지에 정리하고, 발표하게 한다. ▶ **소설의 구성 단계를 설명한다.** - 갈등의 일어나고 해결되는 과정에 따라 소설의 구성되어 있다는 점을 설명하며 소설의 구성 단계를 학습지를 통해 정리한다. - 구성 단계의 특성이 잘 드러나도록 학급 학생들이 주인공인 짧은 이야기를 제시하여 흥미를 가지고 이해할 수 있도록 한다. ▶ **‘자전거 도둑’의 줄거리를 소설**	▷ **자신이 경험했던 갈등을 떠올려 보면서 갈등의 유형을 이해한다.** - 외적 갈등과 내적 갈등에 대한 학습 내용을 참고하여, 자신이 경험했던 갈등 중 각각의 유형에 해당하는 것을 학습지에 정리하고 발표한다. ▷ **소설의 구성 단계를 이해한다.** - 갈등의 해결 과정에 따라 소설이 구성되어 있음을 알고, 소설의 구성 단계별 특징을 학습지에 정리하며 이해한다. - 선생님이 예시로 제시하는 이야기를 잘 듣고, 구성 단계의 특성이 어떻게 드러날 수 있는지 생각해 본다. ▷ **‘자전거 도둑’의 내용을 소설의**	PPT, 소단원 학습지2

		의 구성 단계에 따라 정리한다. - 구성 단계별 특징이 어떻게 작품에서 어떻게 드러나고 있는지 생각하며 내용 정리를 하도록 한다. - 정리가 마무리되면 손을 들어 발표하게 한다.	**구성 단계에 따라 학습지에 정리한다.** - 구성 단계별 특징에 유의하며 내용을 정리한다. - 정리된 내용을 손을 들어 발표한다.	
정리 (5분)	본시 학습 정리	**▶ 본시 학습을 정리한다.** - 학습 목표를 다시 확인하게 하고, 오늘 배운 내용을 정리해 준다.	**▷ 오늘 배운 내용을 정리한다.** - 학습 목표를 다시 읽고, 오늘 배운 내용을 다시 한 번 정리한다.	
	확인 학습 실시	**▶ 확인 학습 문제를 제시한다.** - 확인 학습 문제를 풀게 한 후 학습 목표 도달 정도를 확인한다.	**▷ 확인 학습 문제를 푼다.** - 확인 학습 문제를 풀고, 정답은 손을 들어 표시한다.	PPT
	차시 학습 예고 및 과제 제시	**▶ 차시 학습을 예고하고 과제를 제시한다.** - '자전거 도둑' 갈등 구조 파악을 차시 학습으로 예고하고, 교과서 날개 질문에 답을 해 오도록 과제를 제시한다.	**▷ 다음 시간에 배울 내용과 과제를 주의 깊게 듣는다.** - 주의 깊게 듣고 필기한다.	
	수업 종료	**▶ 상호 인사하며 수업을 마친다.**	**▷ 바른 자세로 인사한다.**	

② 학습지

소단원	3. 더불어 살아가기 **1 문학과 갈등**
학습지 1	1학년 ( ) 반 ( ) 번 이름 ( )

갈등이란?

* **갈등(葛藤, 칡 갈 등나무 등) :** 사람과 사람 사이에서 서로 생각이나 의견이 달라서 맞서거나, 한 사람의 마음이 복잡하게 얽혀 있는 상태

문학 작품 속 갈등의 유형

갈등의 유형	갈등의 양상	내가 겪은 갈등
외적 갈등	• **개인과 ( )의 갈등** : 소설 속에서 중심 역할을 하는 긍정적 인물과 그에 반대하는 부정적 인물 사이의 갈등 • **개인과 ( )의 갈등** : 개인이 살아가면서 겪는 사회의 관습이나 제도와의 갈등 • **개인과 ( )의 갈등** : 헤밍웨이의 '노인과 바다'와 같은 소설에서 나타나는 인간과 자연의 갈등 • **개인과 ( )의 갈등** : 개인의 삶이 어쩔 수 없는 운명에 의해 좌우되는 데에서 오는 갈등. 김동리의 '역마'와 같은 작품에 잘 나타남.	
내적 갈등	• 마음속에 둘 이상의 상반된 욕구가 동시에 하여 곤란을 느끼는 상태. 한 인물 내부의 심리적 모순 대립에 의한 갈등. 양심과 비양심. 사랑과 증오, 선의(善意)와 악의(惡意)의 갈등이 그 예.	

문학 작품에서 갈등의 역할

문학 작품과 갈등	• 문학에서의 갈등 사건을 (　　　)시킨다. 사건 전개의 (　　　)을 부여한다. 작품에 극적 (　　　)을 줌으로써 흥미를 고조시킨다. 인물의 (　　　)이 드러난다. 갈등 해결 과정을 통해 (　　　　)가 드러난다.

소단원 학습지 2	3. 더불어 살아가기 **1 문학과 갈등**
	1학년 (　　) 반 (　　) 번 이름 (　　　　　　)

소설의 구성 단계

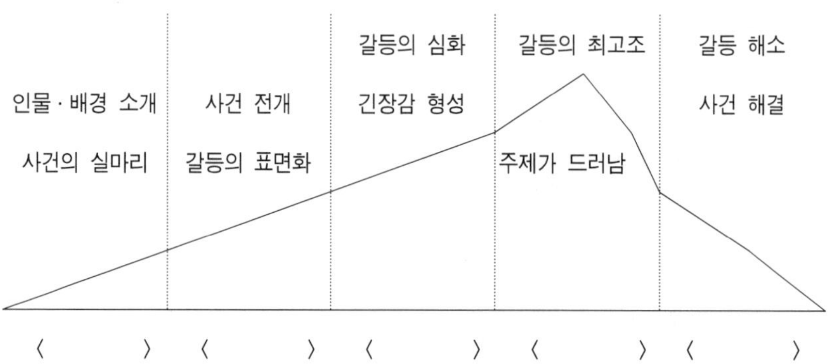

구성 단계에 따라 '자전거 도둑' 내용 정리하기

▶ 구성 단계를 아래 표를 참고하여 교과서에 표시하고 사건 전개 과정에 따라 내용을 간략하게 정리해 봅시다.

구성 단계(쪽)		내용
발단 (90쪽 2행 - 95쪽 끝)		☀ 고향을 떠나 청계천 세운상가 전기용품 도매상의 점원으로 일하는 수남이 ☀
전개 (96쪽 1행 - 101쪽 끝)		☀ 도시에 부는 바람 때문에 생긴 간판 사고 사건으로 불길한 예감을 느끼는 수남이 ☀
위기 (102쪽 1행 - 106쪽 끝)		☀ ☀
절정 (108쪽 1행 -112쪽 7행)		☀
결말 (112쪽 8행 - 112쪽 끝)		☀

③ 확인 학습

소단원	3. 더불어 살아가기 **1 문학과 갈등**
학습지 3	1학년 ( ) 반 ( ) 번 이름 ( )

1. 〈보기〉에 나타난 갈등의 유형은 무엇인가? ( )

〈보기〉

주인 아들이 자기를 학대하고 또는 자기를 못살게 굴 때에 주인 아들 하나쯤은 넉넉히 제지할 힘은 있음을 알고 있었다. 아픔과 쓰림이 자기의 몸으로 스며들 때면 그의 주먹은 떨리면서 어린 주인의 몸을 치려다가도 그는 그것을 무서운 고통과 함께 참았다. 그는 속으로
"아니다. 그는 나의 주인의 아들이다. 그는 나의 어린 주인이다."
하고 꾹 참았다.

2. 다음은 사건 전개에 따른 갈등을 표로 나타낸 것이다. ㉠에 해당하는 부분은 소설의 구성 단계 중 어디에 해당하는가? ( )

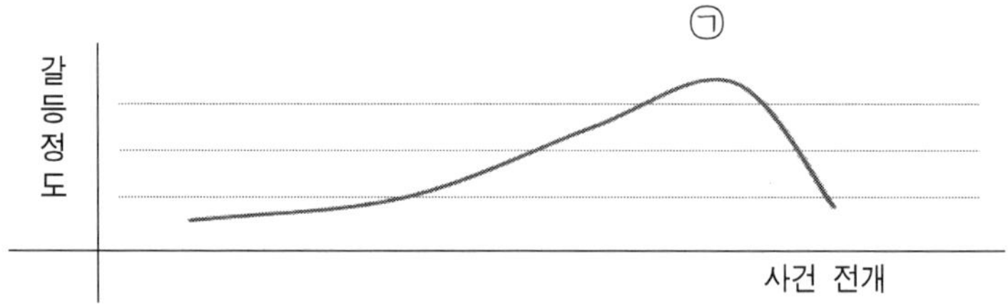

◈ 교수·학습활동 자료 - 수정 후

① 교수 · 학습 과정안

<table>
<tr><td rowspan="2">교 과</td><td rowspan="2">국어과</td><td>학년반</td><td colspan="4">1-5</td></tr>
<tr><td>장소</td><td>1-5교실</td><td>지도교사</td><td colspan="2">○ ○ ○</td></tr>
<tr><td rowspan="2">단원명</td><td colspan="3" rowspan="2">3. 더불어 살아가기 (1) 문학과 갈등</td><td rowspan="2">차시</td><td rowspan="2">1/10</td><td>관 련</td></tr>
<tr><td>5-1감동의 울림</td></tr>
<tr><td>학 습
목 표</td><td colspan="6">1. 문학 작품 속에 나타나는 갈등의 유형과 역할을 말할 수 있다.
2. 소설의 구성 단계에 따라 '자전거 도둑'의 내용을 파악할 수 있다.</td></tr>
<tr><td>학 습
자 료</td><td colspan="6">학습지, 컴퓨터(PPT자료, 동영상 자료)</td></tr>
</table>

<table>
<tr><td rowspan="2">지 도
단 계
(시간)</td><td rowspan="2">학습
내용</td><td colspan="2">교수 · 학습 활동</td><td rowspan="2">자료 및
지도상
유의점</td></tr>
<tr><td>교사 활동</td><td>학생 활동</td></tr>
<tr><td rowspan="4">도입
(5분)</td><td>수업의
분위기 조성</td><td>▶ 상호 인사 후 학습 분위기를 조성한다.
- 주변을 정리시키고 바른 자세로 앉게 한다.</td><td>▷ 상호 인사한다.
- 바른 자세로 인사하며 주변을 정리하고 수업을 준비한다.</td><td>PPT</td></tr>
<tr><td></td><td>▶ 출석 여부를 확인한다.
- 결석한 학생의 유무를 파악한 후 출석부에 기재한다.</td><td>▷ 출석 여부를 확인한다.
- 결석한 사람이 있으면, 선생님께 말씀드린다.</td><td></td></tr>
<tr><td>전시 학습
확인</td><td>▶ 단원명을 제시하고 전시 학습을 확인한다.
- 면담의 목적 4가지를 질문하고 답하게 한다.</td><td>▷ 지난 시간에 배운 내용을 확인한다.
- 상담, 정보 수집, 평가, 설득
- 지난 시간에 배운 내용을 머릿속에 떠올리며 문제를 푼다.</td><td>PPT</td></tr>
<tr><td>학습 동기
유발</td><td>▶ 학습 동기를 유발한다.
- 빨간 불에서 차가 안 올 때, 그냥 건널 것인지 아니면 기다릴 것인지와 같은 일상 속에서 흔히 경험할 수 있는 갈등 상황을 제시한다.</td><td>▷ 흥미를 가지고 살펴본다.
- 제시된 갈등 상황과 같은 경험이 있는지 떠올려 본다.</td><td>PPT</td></tr>
</table>

		- 화면을 보며, 자신이 경험한 갈등을 떠올려 보게 한다.	- 화면 속의 갈등 상황에 있다면 어떻게 행동할 것인지 자유롭게 이야기해 본다.	
	학습 목표 제시	▶ **학습 목표를 제시한다.** - 학습 목표를 파워포인트로 제시하고 다함께 큰 소리로 읽게 하여 오늘 배울 내용을 학생들에게 인지시킨다.	▷ **학습 목표를 확인한다.** - 학습 목표를 큰 소리로 읽으면서 오늘 배울 내용이 무엇인지 인지한다.	
전개 (35분)	학습목표1	▶ **문학 작품 속에 나타나는 갈등의 유형을 예시 자료를 통해 설명한다.** - 드라마 '드림하이'에서 그룹 멤버 교체와 관련한 백희와 혜미의 외적 갈등이 나타난 영상을 먼저 보여주고, 연속해서 제이슨의 휴대전화를 열어 볼까, 말까를 가지고 고민하는 필숙의 내적 갈등을 그린 영상을 보여준다. - 두 영상의 비교하면서 갈등 유형의 차이점을 밝히며, 각각의 갈등 유형의 특징을 설명한다.	▷ **설명을 듣고 갈등의 유형을 이해한다.** - 예시 영상을 잘 살펴보고, 갈등 유형의 차이점에 대해 생각해 본다. - 갈등의 유형에 대한 설명을 잘 듣고, 학습지에 정리한다.	PPT, 동영상, 소단원 학습지1
	갈등의 뜻과 유형	**〈문학 작품 속에 나타나는 갈등〉** **갈등의 뜻**: 사람과 사람 사이에서 서로 생각이나 의견이 달라서 맞서거나, 한 사람의 마음이 복잡하게 얽혀 있는 상태 **갈등의 유형**: ‣ **외적 갈등** · **개인과 개인의 갈등** : 소설 속에서 중심 역할을 하는 긍정적 인물과 그에 반대하는 부정적 인물 사이의 갈등 · **개인과 사회의 갈등** : 개인이 살아가면서 겪는 사회의 관습이나 제도와의 갈등		

<table>
<tr>
<td rowspan="3">전개
(35분)</td>
<td></td>
<td colspan="2">
<table>
<tr>
<td></td>
<td>· 개인과 자연의 갈등 : 헤밍웨이의 ‘노인과 바다’와 같은 소설에서 나타나는 인간과 자연의 갈등
· 개인과 운명의 갈등 : 개인의 삶이 어쩔 수 없는 운명에 의해 좌우되는 데에서 오는 갈등. 김동리의 ‘역마’와 같은 작품에 잘 나타남.
‣ 내적 갈등
마음속에 둘 이상의 상반된 욕구가 동시에 존재하여 곤란을 느끼는 상태. 즉 한 인물 내부의 심리적 모순 대립에 의한 갈등. 양심과 비양심. 사랑과 증오, 선의(善意)와 악의(惡意)의 갈등이 그 예.</td>
</tr>
<tr>
<td>문학
작품과
갈등</td>
<td>‣ 문학에서의 갈등
문학 작품에서 갈등은 사건을 전개시키고 사건 전개의 필연성을 부여하며, 작품에 극적 긴장감을 줌으로써 흥미를 고조시킨다. 또한 갈등을 통해 인물의 성격이 드러나고, 갈등 해결 과정을 통해 주제가 드러난다.</td>
</tr>
</table>
</td>
<td>PPT,
소단원
학습지1</td>
</tr>
<tr>
<td>학습목표2.</td>
<td>▶ 자신의 경험에 비추어 갈등의 유형을 이해하게 한다.
- 자신의 경험에서 외적 갈등과 내적 갈등에 해당하는 경험을 학습지에 정리하고, 발표하게 한다.
- 외적 갈등만 발표하게 한 후, 내적 갈등을 발표하게 하여, 발표 내용의 유형별 특징이 드러나도록 유도한다.</td>
<td>▷ 자신이 경험했던 갈등을 떠올려 보면서 갈등의 유형을 이해한다.
- 외적 갈등과 내적 갈등에 대한 학습 내용을 참고하여, 자신이 경험했던 갈등 중 각각의 유형에 해당하는 것을 학습지에 정리하고 발표한다.</td>
<td>PPT,
소단원
학습지2</td>
</tr>
<tr>
<td>소설의
구성
단계</td>
<td>▶ 소설의 구성 단계를 설명한다.
- 갈등의 일어나고 해결되는 과정에 따라 소설의 구성되어 있다는 점을 설명하며 소설의 구성 단계를 학습지를 통해 정리한다.
- 구성 단계의 특성이 잘 드러나도록 학급 학생들이 주인공인</td>
<td>▷ 소설의 구성 단계를 이해한다.
- 갈등의 해결 과정에 따라 소설이 구성되어 있음을 알고, 소설의 구성 단계별 특징을 학습지에 정리하며 이해한다.
- 선생님이 예시로 제시하는 이야기를 잘 듣고, 구성 단계의 특성이 어떻게 드러날 수 있는지 생</td>
<td></td>
</tr>
</table>

		짧은 이야기를 제시하여 흥미를 가지고 이해할 수 있도록 한다. ▶ **'자전거 도둑'의 줄거리를 소설의 구성 단계에 따라 정리한다.** - 구성 단계별 특징이 어떻게 작품에서 어떻게 드러나고 있는지 생각하며 내용 정리를 하도록 한다. - 단계별 특징을 처음 학습하는 것이므로, 각 구성 단계에 해당하는 쪽과 행을 미리 알려주고, 구성 단계의 특성을 보여주는 핵심 내용 부분만 찾도록 줄거리를 제시해 준다. - 다함께 내용을 정리한다.	각해 본다. ▷ **'자전거 도둑'의 내용을 소설의 구성 단계에 따라 학습지에 정리한다.** - 구성 단계별 특징에 유의하며 내용을 정리한다. - 구성 단계를 교과서에 표시하고, 학습지의 빈칸을 채우면서, 구성 단계별 내용을 학습지에 정리한다. - 선생님이 정리해 주시는 내용과 비교하며, 구성 단계별 특징을 파악한다.	
정리 (5분)	**본시 학습 정리**	▶ **본시 학습을 정리한다.** - 학습 목표를 다시 확인하게 하고, 오늘 배운 내용을 정리해 준다.	▷ **오늘 배운 내용을 정리한다.** - 학습 목표를 다시 읽고, 오늘 배운 내용을 다시 한 번 정리한다.	
	확인 학습 실시	▶ **확인 학습 문제를 제시한다.** - 확인 학습 문제를 풀게 한 후 학습 목표 도달 정도를 확인한다.	▷ **확인 학습 문제를 푼다.** - 확인 학습 문제를 풀고, 정답은 손을 들어 표시한다.	PPT
정리 (5분)	**차시 학습 예고 및 과제 제시**	▶ **차시 학습을 예고하고 과제를 제시한다.** - '자전거 도둑' 갈등 구조 파악을 차시 학습으로 예고하고, 교과서 날개 질문에 답을 해 오도록 과제를 제시한다.	▷ **다음 시간에 배울 내용과 과제를 주의 깊게 듣는다.** - 주의 깊게 듣고 필기한다.	
	수업 종료	▶ **상호 인사하며 수업을 마친다.**	▷ **바른 자세로 인사한다.**	

② 학습지

소단원	3. 더불어 살아가기 **1 문학과 갈등**
학습지 1	1학년 ( ) 반 ( ) 번 이름 ( )

갈등이란?

* **갈등(葛藤, 칡 갈 등나무 등) :** 사람과 사람 사이에서 서로 생각이나 의견이 달라서 맞서거나, 한 사람의 마음이 복잡하게 얽혀 있는 상태

문학 작품 속 갈등의 유형

갈등의 유형	갈등의 양상	내가 겪은 갈등
외적 갈등	• **개인과 ( )의 갈등** : 소설 속에서 중심 역할을 하는 긍정적 인물과 그에 반대하는 부정적 인물 사이의 갈등 • **개인과 ( )의 갈등** : 개인이 살아가면서 겪는 사회의 관습이나 제도와의 갈등 • **개인과 ( )의 갈등** : 헤밍웨이의 '노인과 바다'와 같은 소설에서 나타나는 인간과 자연의 갈등 • **개인과 ( )의 갈등** : 개인의 삶이 어쩔 수 없는 운명에 의해 좌우되는 데에서 오는 갈등. 김동리의 '역마'와 같은 작품에 잘 나타남.	
내적 갈등	• 마음속에 둘 이상의 상반된 욕구가 동시에 하여 곤란을 느끼는 상태. 한 인물 내부의 심리적 모순 대립에 의한 갈등. 양심과 비양심. 사랑과 증오, 선의(善意)와 악의(惡意)의 갈등이 그 예.	

문학 작품에서 갈등의 역할

문학 작품과 갈등	• 문학에서의 갈등 사건을 (　　)시킨다. 사건 전개의 (　　)을 부여한다. 작품에 극적 (　　)을 줌으로써 흥미를 고조시킨다. 인물의 (　　)이 드러난다. 갈등 해결 과정을 통해 (　　)가 드러난다.

소단원	3. 더불어 살아가기　**1 문학과 갈등**
학습지 2	1학년 (　　) 반 (　　) 번　이름 (　　　　)

소설의 구성 단계

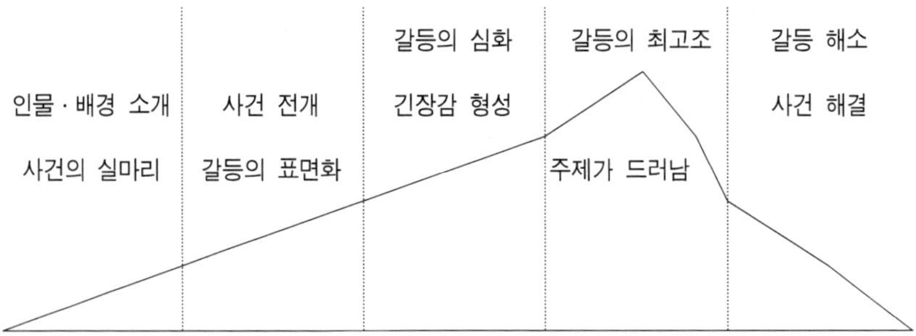

〈　　〉 〈　　〉 〈　　〉 〈　　〉 〈　　〉

구성 단계에 따라 '자전거 도둑' 내용 정리하기

▶ 구성 단계를 아래 표를 참고하여 교과서에 표시하고 사건 전개 과정에 따라 내용을 간략하게 정리해 봅시다.

구성 단계(쪽)		내용
발단 (90쪽 2행 - 95쪽 끝)		☀ 고향을 떠나 청계천 세운 상가 전기 용품 도매상의 점원으로 일하는 ( ) ☀ 수남이를 혹사시키는 ( )과 그런 줄도 모르고 ( )을 좋아하는 수남이
전개 (96쪽 1행 - 101쪽 끝)		☀ 도시에 부는 ( ) 때문에 생긴 간판 사고 사건으로 불길한 ( )을 느끼는 수남이 ☀ 기분이 안 좋은 상태로 배달을 가서 겨우 돈을 받아낸 수남이
위기 (102쪽 1행 - 106쪽 끝)		☀ 자전거가 바람에 쓰러져 고급 자동차의 수리비를 물어줘야 할 위기에 처한 수남이 ☀ 신사가 채운 자물쇠를 열고 자기 자전거를 들고 ( )(하)는 수남이
절정 (108쪽 1행 -112쪽 7행)		☀
결말 (112쪽 8행 - 112쪽 끝)		☀

③ 확인 학습

소단원	3. 더불어 살아가기 **1 문학과 갈등**
학습지 3	1학년 ( ) 반 ( ) 번 이름 ( )

1. 〈보기〉에 나타난 갈등의 유형은 무엇인가? (   )

〈보기〉

주인 아들이 자기를 학대하고 또는 자기를 못살게 굴 때에 주인 아들 하나쯤은 넉넉히 제지할 힘은 있음을 알고 있었다. 아픔과 쓰림이 자기의 몸으로 스며들 때면 그의 주먹은 떨리면서 어린 주인의 몸을 치려다가도 그는 그것을 무서운 고통과 함께 참았다. 그는 속으로

"아니다. 그는 나의 주인의 아들이다. 그는 나의 어린 주인이다."

하고 꾹 참았다.

2. 다음은 사건 전개에 따른 갈등을 표로 나타낸 것이다. ㉠에 해당하는 부분은 소설의 구성 단계 중 어디에 해당하는가? (   )

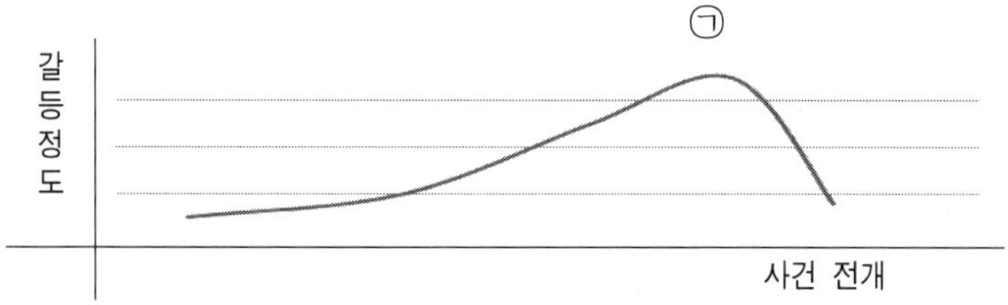

2차시 수업컨설팅 절차

2차시 수업컨설팅은 1학년 1반과 1학년 5반을 대상으로 '(1) 문학과 갈등' 단원을 통해 실시하였다. 2차시 수업컨설팅은 발문과 응답, 학습목표 제시의 다양한 방법에 대하여 주로 컨설팅 하였다.

◈ 진단 단계(Diagnosis Stage)

2차시 수업에 대한 교수 · 학습 과정안 및 학습 자료 검토, 컨설팅의 초점을 정하는 수업 공개 전 협의회를 실시하여 〈표 4-9〉와 같이 수업컨설팅 일지를 작성하였다.

<표 4-9> 수업컨설팅 일지(1회)

교 과	국어	일 시	2011년 4월 19일 6교시
수업자	○○○	컨설턴트	○○○
단 원	3. 더불어 살아가기 (1) 문학과 갈등		
컨설팅의 주안점	1. 발문과 응답 2. 발문 유형		
컨설팅 내용	1. 발문과 응답 - '자전거 도둑'의 갈등 해결 과정과 인물의 심리 변화를 파악하는 학습활동을 해 나가는 과정에서 교사가 학생들에게 하는 발문들이 학습에 대한 학생들의 흥미를 자극하고 유지시키며, 학습 내용에 집중하도록 하고, 학생이 파악한 학습 내용을 스스로 설명하도록 함으로써 학생들의 참여를 활성화시키고 있음. - 발문을 했을 때 학생이 응답을 못한다면 시간을 좀 더 줄 수 있다. 응답에 대한 단서를 주거나 더 낮은 수준의 보조 질문을 할 수도		

있다. 응답을 잘 못하는 학생을 위해서는 모둠 학습을 통해 같이 정답을 생각해 보게 한 후 나눈 의견을 바탕으로 대답하도록 지도할 수 있다.

- 학생의 응답에 대해서는 교사가 피드백을 해 주어야 한다. 옳은 대답이라면 인정해 주거나 칭찬해 주어야 하고, 부정확한 대답인 경우에는 잘못을 지적한 후 이유를 설명해 준다. 학생의 대답이 충분하지 않은 경우에는 부연해 주어야 하며, 일부가 틀린 경우에는 수정을 해 주어야 한다. 대답을 했으나 두서가 없는 경우에는 요약을 해 주어야 하고, 비판의 소지가 있는 경우에는 반대 근거를 제시하여 생각할 기회를 주어야 한다.

2. 발문 유형
- 폐쇄적 발문: 인지 기억적 발문, 수렴적 발문
- 개방적 발문: 확산적 발문, 평가적 발문

◈ 실행 단계(Implementation Stage)

① 교수 · 학습활동 분석표 작성

1학년 1반을 대상으로 '(1) 문학과 갈등'이라는 단원의 2차시 수업에 실제 참관하면서 컨설턴트는 〈표 4-10〉과 같이 교수 · 학습활동 분석표를 작성하였다.

<표 4-10> 교수 · 학습활동 분석표

일시	2011년 4월 21일 6교시	대 상	1학년 1반	장 소	1-1 교실
교과	국 어	수업자	○○○	컨설턴트	○○○
단원	3. 더불어 살아가기 (1) 문학과 갈등				

영역		관 찰 요 소	의 견	
			우수한 점	개선할 점
수업 설계		사전 교재연구를 철저히 하였는가?	- 수업 과정 중에 있을 수 있는 오류 요인까지 미리 예측하는 등 준비성이 뛰어남.	
		교수 · 학습 목표가 행동변화를 가져오도록 진술되었는가?		
		교수 · 학습 계획이 학습 유형에 알맞게 짜여졌는가?		
교수 · 학습활동	도입 단계	전시학습을 적절히 상기시켰는가?	- 갈등이 어떤 형태로 나타나며 갈등이 심화되어 가면서, 그리고 그 갈등이 해결되면서 인물의 성격이나 심리가 어떻게 변화되는지 연관 지어 이해할 수 있도록 지도하시는 모습이 훌륭함.	- 학습목표를 분명하게 전달하려면 수업을 하고 난 후 학생들이 어떤 활동을 할 수 있는지 제시해 주고, 학습목표와 관련된 활동을 할 때마다 다룬 내용을 표시해 주는 것도 좋은 방법임.
		동기유발에는 어떤 아이디어가 사용되었는가?		
	학습 목표 제시	학습목표를 어떤 방법으로 제시하였는가?		
		구체적이고 행동적인 용어로 진술되었는가?		
		동기유발과 관련지어 학습목표를 제시하였는가?		
	학습 활동	학습은 학생이 주체가 되어 진행되고 있는가?		
		학습 활동에 학생의 참여도가 높도록 어떤 방법으로 유도하고 있는가?		
		발표 및 활동 기회를 다수에게 제공하고, 수업 난이도와 속도를 어떻게 조절하는가?		
	교사 태도	수업 중 적절한 제스처(손 동작, 몸짓)를 사용하는가?		

		교사의 시선 처리는 어떻게 이루어지는가?	- 인물의 행동이나 생각, 가치관 등이 달라지는 부분 등을 함께 지도해 주셔서 학생들의 이해를 돕는 모습이 좋음.	- 학생들에게 질문을 던져주고 그 속에서 스스로 수정, 보충, 반대, 질문 등의 활동으로 학생들의 활동이 많이 나올 수 있도록 하면 더욱 좋겠음.
		어떤 주의 집중 방법이 활용되었는가?		
	발문	창의성을 유도하며 확산적인 발문을 사용하는가?		
		학습의 강조점에 따라 음성 고저를 잘 조절하는가?		
		생각하여 답변할 시간을 주며, 어려운 질문은 격려·보조하는가?		
	교수학습자료	학습 자료는 학생의 수준에 알맞은가?		
		학습 내용에 어떻게 관련되어 활용되는가?		
		자료를 효과적으로 활용하는가?		
	판서	계획성(내용과 시기)있고 구조적으로 이뤄졌는가?		
		내용을 명확히 요약하여 판서하는가?		
	평가	학습내용의 요약, 정리가 어떻게 이루어지는가?	- 확인학습을 통해 수업의 내용을 다시 한 번 정리하고 피드백을 적절하게 제공함.	
		확인학습의 방법이 어떻게 이루어지는가?		
	차시예고	학생들에게 질의 시간을 주었는가?		
		차시학습 예고가 이루어졌는가?		
환경 조성		학생과 교사 간에 상호존중의 수업 분위기가 조성되었는가?	- 교사의 목소리가 차분하고 교사로서 좋은 태도를 지니고 있음.	

② 자기수업점검표 작성

수업 공개 후 의뢰인은 자기 수업을 스스로 평가하고 〈표 4-11〉과 같이 자기수업점검표를 작성하였다.

<표 4-11> 자기수업점검표

<table>
<tr><td>일시</td><td colspan="2">2011년 4월 21일 목요일 6교시</td><td>교과</td><td>국어</td><td>차 시</td><td>3 / 10</td></tr>
<tr><td>수업자</td><td colspan="2">○○○</td><td>대상</td><td>1학년 1반</td><td>컨설턴트</td><td>○○○</td></tr>
<tr><td>단원</td><td colspan="6">3. 더불어 살아가기 (1) 문학과 갈등</td></tr>
<tr><td>학습
목표</td><td colspan="6">1. '자전거 도둑'의 갈등 상황에 따른 인물의 심리 변화를 파악할 수 있다.
2. 갈등의 해결 과정을 바탕으로 '자전거 도둑'의 주제를 찾아 말할 수 있다.</td></tr>
<tr><th>평가
영역</th><th>평가 요소</th><th colspan="5">평 가 내 용</th></tr>
<tr><td>수업
계획</td><td>수업
설계</td><td colspan="5">• 갈등 상황의 파악과 해결 과정을 통해 주제를 도출해 내는 데에 초점을 두어 전개함.
• 학생들을 발표 시키는 방법이 단조로워서 발표 의욕을 높이지 못함.</td></tr>
<tr><td rowspan="5">교수
·
학습
활동</td><td>동기
유발</td><td colspan="5">• 갈등의 해결 과정이 주제와 연결되는 것이 잘 보이는 전래동화를 선택하여 제시하여 학습 내용과 연관짓기는 효과적이었으나, 학생들의 흥미를 높이기에는 너무 널리 알려진 제재여서 신선함이 부족했음.</td></tr>
<tr><td>수업
운영</td><td colspan="5">• 소설의 갈등 구조를 한 눈에 파악하고 갈등과 갈등이 연관되어 주제에 도달하는 과정이 잘 보이는 수업 전개였음.</td></tr>
<tr><td>자료 및
학습매체</td><td colspan="5">• 전체 수업을 한 눈에 파악할 수 있도록 학습지를 구성함.
• 전체 갈등 상황을 구조화시켜 제시하려다 보니 학습지가 도식적인 면이 있었음.</td></tr>
<tr><td>학습
태도</td><td colspan="5">• 지난 시간에 정리된 내용을 바탕으로 성실하게 답변하고 발표하였음.</td></tr>
<tr><td>학습
정리</td><td colspan="5">• 학습 목표를 다시 한 번 상기시키고 오늘 배운 내용을 정리하게 함.</td></tr>
</table>

		• 지나치게 세세한 정리는 지양해야 함.
평가	평가 활동	• 본시 확인 학습을 선다형이 아닌 단답형으로 제시하여 손을 들어 답변해 볼 수 있도록 함. • 번호 추첨 프로그램을 사용하여 흥미롭게 마무리 함.
본 수업에서 좋았던 점		• 구성 단계에 따라 줄거리를 정리하였으나, 아직은 정확하게 정리되지 않았던 갈등 상황을 전체적으로 살펴보고 주제와의 연관성을 찾는 활동을 통해 다른 소설 학습에서의 적용 가능성을 제시하였음.
본 수업에서 개선해야 할 점		• 구성 단계에서 제시된 내용이 반복되는 면이 있어서 일부 학생들이 지루해했는데, 보다 역동적으로 제시할 수 있는 방안을 마련할 필요가 있음.

◈ 평가 단계(Evaluation Stage)

수업 참관 후, 의뢰인과 컨설턴트간의 상호협동적인 논의를 통해 수업개선을 위한 방안을 설정하도록 협의회를 실시하고 〈표 4-12〉와 같이 수업컨설팅 일지를 작성하였다.

<표 4-12> 수업컨설팅 일지(2회)

교 과	국어	일 시	2011년 4월 21일 방과후
수업자	○○○	컨설턴트	○○○
단 원	3. 더불어 살아가기 (1) 문학과 갈등		
컨설팅의 주안점	학습목표 제시의 다양한 방법		
컨설팅 내용	- 학습목표 제시는 수업을 시작할 때 교사가 말해주는 것이 일반적이나 대단원이나 소단원의 이름, 혹은 학습활동과 관련 지어 학생 스스로 생각하여 유추해 볼 수도 있다. 중요한 것은 목표를 분명		

	하게 전달하는 것인데, 학생들의 어휘 수준에 맞는 단어를 사용하여 제시해야 한다. 또한 학습목표를 분명하게 전달하려면 수업을 하고 난 후 학생들이 어떤 활동을 할 수 있는지 제시해 주어야 한다. 학습목표와 관련된 활동을 할 때마다 다룬 내용을 표시해 주는 것도 좋은 방법이다. - 학생들에게 질문을 던져주고 그 속에서 스스로 수정, 보충, 반대, 질문 등의 활동으로 학생들의 활동이 많이 나올 수 있도록 하면 더욱 좋겠음. - 교사용 지도서의 목표를 단원의 목표와 해당 수업의 목표에 부합하게 학습 문제를 도출하고 있는 점이 바람직함. - 갈등이 어떤 형태로 나타나며 갈등이 심화되어 가면서, 그리고 그 갈등이 해결되면서 인물의 성격이나 심리가 어떻게 변화되는지 연관 지어 이해할 수 있도록 지도하시는 모습이 훌륭함. - 인물의 행동이나 생각, 가치관 등이 달라지는 부분 등을 함께 지도해 주셔서 학생들의 이해를 돕는 모습이 보기 좋음. - 교사의 목소리가 차분하고 교사로서 좋은 태도를 지니고 있음.

◈ 환류 단계(Feedback Stage)

1학년 1반에 실시했던 같은 내용의 교정된 교수법, 교수 · 학습 과정안, 수업 자료 등을 1학년 5반에 적용해 본 후, 협의회를 통해 〈표 4-13〉과 같이 수업컨설팅 일지를 작성하였다.

<표 4-13> 수업컨설팅 일지(3회)

교 과	국어	일 시	2011년 4월 22일 5교시
수업자	○○○	컨설턴트	○○○
단 원	3. 더불어 살아가기 (1) 문학과 갈등		
컨설팅의 주안점	과제 제시와 차시 예고		
컨설팅 내용	- 다음 시간에 배울 소설 '꿩' 읽어오기를 과제로 부과하여 미리 읽어보게 함으로써 차시 학습의 준비를 시키고 있음. 과제 제시를 통해 학생에게 기대하는 활동은 학생이 가정에서 과제를 수행하는 것이므로 이것은 학교와 가정의 연계 활동이라고 볼 수 있다. 그러나 과제는 학생에게 정규 수업 이외의 추가 학습을 요구하기 때문에 학생이나 학부모에게 부담을 줄 가능성이 높으므로, 과제는 짧은 시간에 끝날 수 있고 학생의 부담이 적어야 한다. - 차시 예고로 소설 '꿩'에 드러난 갈등 상황과 해결 과정에 대해 배울 것임을 미리 예고하는 것은 다음 수업의 도입 단계에서 수업 준비 점검과 밀접한 연관을 지닌다. 차시 예고를 분명하게 하지 않으면 학생들이 학습할 내용에 대해 전혀 생각하지 않고 오게 될 확률이 높으며, 경우에 따라서는 수업에 필요한 준비물을 가지고 오지 않을 가능성도 존재한다. 차시 예고를 할 때에는 차시 학습 목표를 분명하게 제시하고, 차시와 본시의 학습 내용이 맺는 관련성을 설명하는 게 적절하다. 잘 준비된 차시 예고는 학생들이 높은 학습 동기를 가지고 수업에 임하게 하며, 학생들의 예습을 활성화하는 면이 있다.		

◈ 교수·학습활동 자료 - 수정 전

① 교수 · 학습 과정안

<table>
<tr><th rowspan="2">교 과</th><td rowspan="2">국어과</td><th>학년반</th><td colspan="4">1-1</td></tr>
<tr><th>장소</th><td>1-1교실</td><th>지도교사</th><td colspan="2">○○○</td></tr>
<tr><th rowspan="2">단원명</th><td colspan="3" rowspan="2">3. 더불어 살아가기 (1) 문학과 갈등</td><th rowspan="2">차시</th><td rowspan="2">3/10</td><td>관 련</td></tr>
<tr><td>5-1 감동의 울림</td></tr>
<tr><th>학 습
목 표</th><td colspan="6">1. '자전거 도둑'의 갈등 상황에 따른 인물의 심리 변화를 파악할 수 있다.
2. 갈등의 해결 과정을 바탕으로 '자전거 도둑'의 주제를 찾아 말할 수 있다.</td></tr>
<tr><th>학 습
자 료</th><td colspan="6">학습지, 컴퓨터(PPT자료, 동영상 자료)</td></tr>
</table>

<table>
<tr><th rowspan="2">지 도
단 계
(시간)</th><th rowspan="2">학습
내용</th><th colspan="2">교수 · 학습 활동</th><th rowspan="2">자료 및
지도상
유의점</th></tr>
<tr><th>교사 활동</th><th>학생 활동</th></tr>
<tr><td rowspan="4">도입
(5분)</td><td>수업의
분위기
조성</td><td>▶ 상호 인사 후 학습 분위기를 조성한다.
- 주변을 정리시키고 바른 자세로 앉게 한다.</td><td>▷ 상호 인사한다.
- 바른 자세로 인사하며 주변을 정리하고 수업을 준비한다.</td><td rowspan="4">PPT</td></tr>
<tr><td></td><td>▶ 출석 여부를 확인한다.
- 결석한 학생의 유무를 파악한 후 출석부에 기재한다.</td><td>▷ 출석 여부를 확인한다.
- 결석한 사람이 있으면, 선생님께 말씀드린다.</td></tr>
<tr><td>전시 학습
확인</td><td>▶ 단원명을 제시하고 전시 학습을 확인한다.
- '복선'의 의미와 자전거 도둑에서 복선의 역할을 하는 소재를 답하게 하는 문제를 제시한다.</td><td>▷ 지난 시간에 배운 내용을 확인한다.
- 지난 시간에 배운 내용을 머릿속에 떠올리며 문제를 푼다.</td></tr>
<tr><td>학습 동기
유발</td><td>▶ 학습 동기를 유발한다.
- 잘 알려진 전래동화인 '홍부와 놀부'의 한 장면을 보여주고, 주요 갈등과 그의 해결 방법, 주제 등을 이야기해 보게 한다.</td><td>▷ 홍미를 가지고 살펴본다.
- 화면을 주의깊게 살펴보며 오늘 배울 내용에 대해 관심을 가진다.</td></tr>
</table>

		- 갈등 해결 과정과 주제 제시의 연관성을 생각해 보게 한다.		
	학습 목표 제시	**▶ 학습 목표를 제시한다.** - 학습 목표를 파워포인트로 제시하고 다함께 큰 소리로 읽게 하여 오늘 배울 내용을 학생들에게 인지시킨다.	**▷ 학습 목표를 확인한다.** - 학습 목표를 큰 소리로 읽으면서 오늘 배울 내용이 무엇인지 인지한다.	PPT
전개 (35분)	학습목표1	**▶ '자전거 도둑'에 나타나는 주요 갈등을 찾아보게 한다.** - 자전거 도둑의 주요 장면을 보여준 후, 교과서를 살펴보면서 갈등 상황을 파악하여 학습지에 정리하게 한다. - 갈등의 유형별로 파악하게 한다. - 정리된 내용을 손을 들을 발표하게 한다. **▶ 갈등 상황에서 수남이의 심리 상태를 파악하여 정리하게 한다.** - 갈등이 해결되기 전과 후의 수남이의 심리 상태를 생각해 보고 학습지에 써보도록 한다. - 정리한 내용을 손을 들어 발표하게 한다.	**▷ 설명을 듣고 갈등의 유형을 이해한다.** - 자전거 도둑의 주요 장면을 보여주는 동영상을 보고, 주요 갈등 상황을 파악하여 학습지에 정리한다. - 내용이 정리되면 옆 자리 학생과 내용을 비교해보고 손을 들어 발표한다. **▷ 갈등 상황에서 수남이의 심리 상태를 파악하여 학습지에 정리한다.** - 갈등 상황에서 인물의 심리 상태를 생각해 보고 옆 자리의 친구와 의견을 나눠본다. - 생각해 본 내용을 바탕으로 학습지에 정리하고 손을 들어 발표한다.	PPT, 동영상, 소단원 학습지
	학습목표2	**▶ 갈등 상황이 어떻게 해결되었는지 찾아보게 한다.** - 주요 갈등 상황을 그림으로 제시하고 수남이의 갈등 해결 방법을 학습지에 정리해 보게 한다. - 해당 상황에서 자신이라면 어	**▷ 갈등 상황을 파악하여 학습지에 정리한다.** - 주요 갈등 상황이 제시된 그림을 보고 수남이의 갈등 해결 방법을 학습지에 정리한다. - 내가 수남이라면 어떻게 행동했을지 생각해보고, 옆 친구와	

전개 (35분)		떻게 행동했을지 옆 친구와 의견을 나눠본 후 그 내용을 학습지에 정리하게 한다. - 손을 들어 발표하게 한다. ▶ **소설의 주제와 관련되는 중심 갈등을 찾아, 주인공의 갈등 해결 과정을 통해 주제를 파악하게 한다.** - 수남이의 갈등 해소 방법을 통해 작가가 전달하고자 한 의미가 무엇이었는지 생각해 보도록 한다. - 정리한 내용을 손을 들어 발표해 보게 한다. - 나온 답변을 정리하여 주제와 연결시키고 소설에서 갈등 해결 과정을 통해 주제가 제시됨을 설명한다.	의견을 나눠본다. - 손을 들어 발표한다. ▷ **중심 갈등을 찾고, 주인공의 갈등 해결 과정에 따라 주제를 찾아본다.** - 갈등이 어떤 방식으로 해결되었는지를 주목하며 그러한 해결 방식과 연관하여 주제를 찾아본다. - 손을 들어 발표한다. - 수남이의 갈등 해결 과정을 통해 소설의 주제를 찾아보고, 갈등의 해결 과정이 주제 제시와 연관되어 있음을 안다.	PPT, 소단원 학습지
정리 (5분)	**본시 학습 정리**	▶ **본시 학습을 정리한다.** - 학습 목표를 다시 확인하게 하고, 오늘 배운 내용을 정리해 준다.	▷ **오늘 배운 내용을 정리한다.** - 학습 목표를 다시 읽고, 오늘 배운 내용을 다시 한 번 정리한다.	PPT
	확인 학습 실시	▶ **확인 학습 문제를 제시한다.** - 확인 학습 문제를 풀게 한 후 학습 목표 도달 정도를 확인한다.	▷ **확인 학습 문제를 푼다.** - 확인 학습 문제를 풀고, 정답은 손을 들어 표시한다.	
	차시 학습 예고 및 과제 제시	▶ 차시 학습을 예고하고 과제를 제시한다. - '꿩'의 갈등 구조 파악을 차시 학습으로 예고하고, 작품을 미리 읽어오도록 과제를 제시한다.	▷ 다음 시간에 배울 내용과 과제를 주의 깊게 듣는다. - 주의 깊게 듣고 필기한다.	
	수업 종료	▶ 상호 인사하며 수업을 마친다.	▷ 바른 자세로 인사한다.	

② 학습지

소단원 학습지	3. 더불어 살아가기 **1 문학과 갈등**
	1학년 ( ) 반 ( ) 번 이름 ( )

작품 속에 나타나는 주요 갈등 상황

✤ 수남이가 다른 사람과 겪은 갈등 1

갈등을 일으키는 인물		⟺	
갈등 양상	**"오늘 물건 대금을 꼭 결재해 주셔야 해요." (물건값을 꼭 받아내려는 수남이)**	⟺	
갈등의 유형	( )갈등 -		
수남이의 갈등해결을 위한 행동	돈을 받아내기 위해		
수남이의 심리상태	장사꾼에게 ( ) 을 느낌.		

✤ 수남이가 다른 사람과 겪은 갈등 2

갈등을 일으키는 인물		⟺	
갈등 양상	**" 아 저 씨, 그러시지 말고 한 번만 봐주세 요. 네, 아저씨?" ( )**	⟺	
갈등의 유형	( )갈등 -		
갈등해결을 위한 행동	돈과 자전거를 지키기 위해		
수남이의 심리상태	* *		

✤ 수남이의 마음 속 갈등 - 소설의 중심 갈등

<table>
<tr><td>원인이 되는 사건</td><td colspan="9">차 주인이 들이받힌 차 수리비를
가져오라며 (　　　　)를
채워놓은 (　　　　)를 들고 도망침
</td></tr>
<tr><td rowspan="2">수남이의 갈등 (갈등 양상)</td><td colspan="3" rowspan="2">"낮에 내가 한 행동은 옳은 짓이었을까?</td><td>↗</td><td colspan="5">자가용까지 있는 처지에 나 같은 어린아이에게 오천원을 우려내려고 그렇게 심하게 굴던 신사를 그 정도 골려준 것이 뭐가 나쁜가?</td></tr>
<tr><td>↘</td><td colspan="5"></td></tr>
<tr><td>갈등 유형</td><td colspan="9">(　　　　)갈등 -</td></tr>
<tr><td>수남이의 심리 변화 과정</td><td>주인 영감이 수남의 행동을 칭찬함.</td><td>⇨</td><td>주인 영감이 (　)</td><td>⇨</td><td>자신의 행동에 (　) 을 느낌</td><td>⇨</td><td>형의 행동과 (　)의 말을 떠올림.</td><td>⇨</td><td>자신의 행동이 (　) 과 다르지 않다는 생각함.</td></tr>
<tr><td>갈등을 해결하기 위한 행동</td><td colspan="9">수남이는 앞으로 할지도 모를 도둑질을 하지 않기 위해
(　　　　　　　　　　　　　　　　)</td></tr>
<tr><td rowspan="2">갈등 해결 전과 후 수남이의 심리가 드러난 부분</td><td colspan="9">갈등 해결 전 :</td></tr>
<tr><td colspan="9">갈등 해결 후 :</td></tr>
<tr><td>내가 수남이라면?</td><td colspan="9">내가 수남이라면 갈등을 해결하기 위해
(　　　　　　　　　　　　　　)했을 것이다.</td></tr>
</table>

갈등 해결과 소설의 주제

✤ 수남이 주변 인물의 특징 비교

	수남이가 서울에서 만난 사람들 (주인 영감, ××상회 주인, 신사, 자전거를 들고 가라고 부추긴 구경꾼)	아버지
특징		

✤ 갈등 해결(결말)의 내용을 통해 작가는 우리에게 어떤 이야기를 하고 싶었던 걸까요?

-
-

⇨ 갈등의 해결 과정을 통해 작가는 자신이 하고자 하는 이야기(주제)를 드러냅니다.

③ 확인 학습

소단원 확인학습	3. 더불어 살아가기 **1 문학과 갈등**
	1학년 (　　) 반 (　　) 번　이름 (　　　　　　)

1. 〈보기〉에서 나타나는 갈등 유형은 무엇인가? (　　　　　　　　)

〈보기〉

"아저씨, 그러시지 말고 한번만 봐 주세요. 네, 아저씨?"
수남이는 주머니 속에 든 만 원 생각을 하면 얼굴이 화끈대고 공연히 무섭기까지 하다. 그렇지만 주인 영감님을 위해 그 돈만은 죽기를 무릅쓰고 지킬 각오를 단단히 한다.
"아니, 이 녀석이 이제 보니 이런 큰일 저지르고 그냥 내뺄 생각 아냐? 요런 악질 녀석 같으니라고."
신사의 표정은 은은히 감돌던 연민이 싹 가시고 점잖게 무표정해진다.

2. 〈보기〉에서 소년의 밑줄 그은 '주인 영감님'이 상징하는 바에 대조되는 의미를 가진 인물은? (　　　　　　　　)

〈보기〉

소년은 아버지가 그리웠다. 도덕적으로 자기를 견제해 줄 어른이 그리웠다.
<u>주인 영감님</u>은 자기가 한 짓을 나무라기는커녕 손해 안 난 것만 좋아서 "오늘 너 운 텄다."며 좋아하지 않았던가.
수남이는 짐을 꾸렸다.
'아아, 내일도 바람이 불었으면. 바람이 물결치는 보리밭을 보았으면…….'
마침내 결심을 굳힌 수남이의 얼굴은 누런 똥빛이 말끔히 가시고, 소년다운 청순함으로 빛났다.

◈ 교수·학습활동 자료 - 수정 후

① 교수 · 학습 과정안

<table>
<tr><td rowspan="2">교 과</td><td rowspan="2">국어과</td><td>학년반</td><td colspan="4">1-5</td></tr>
<tr><td>장소</td><td>1-5교실</td><td colspan="2">지도교사</td><td>○○○</td></tr>
<tr><td rowspan="2">단원명</td><td colspan="3" rowspan="2">3. 더불어 살아가기 (1) 문학과 갈등</td><td rowspan="2">차시</td><td rowspan="2">3/10</td><td>관 련</td></tr>
<tr><td>5-1감동의 울림</td></tr>
<tr><td>학 습
목 표</td><td colspan="6">1. '자전거 도둑'의 갈등 상황에 따른 인물의 심리 변화를 파악할 수 있다.
2. 갈등의 해결 과정을 바탕으로 '자전거 도둑'의 주제를 찾아 말할 수 있다.</td></tr>
<tr><td>학 습
자 료</td><td colspan="6">학습지, 컴퓨터(PPT자료, 동영상 자료)</td></tr>
</table>

<table>
<tr><td rowspan="2">지 도
단 계
(시간)</td><td rowspan="2">학습
내용</td><td colspan="2">교수 · 학습 활동</td><td rowspan="2">자료 및
지도상
유의점</td></tr>
<tr><td>교사 활동</td><td>학생 활동</td></tr>
<tr><td>도입
(5분)</td><td>수업의
분위기
조성</td><td>▶ 상호 인사 후 학습 분위기를 조성한다.
- 주변을 정리시키고 바른 자세로 앉게 한다.</td><td>▷ 상호 인사한다.
- 바른 자세로 인사하며 주변을 정리하고 수업을 준비한다.</td><td></td></tr>
<tr><td></td><td></td><td>▶ 출석 여부를 확인한다.
- 결석한 학생의 유무를 파악한 후 출석부에 기재한다.</td><td>▷ 출석 여부를 확인한다.
- 결석한 사람이 있으면, 선생님께 말씀드린다.</td><td></td></tr>
<tr><td></td><td>전시 학습
확인</td><td>▶ 단원명을 제시하고 전시 학습을 확인한다.
- '복선'의 의미와 자전거 도둑에서 복선의 역할을 하는 소재를 답하게 하는 문제를 제시한다.</td><td>▷ 지난 시간에 배운 내용을 확인한다.
- 복선 : 소설 속에서 앞으로 일어날 일을 미리 예상하게 해 주는 상황 또는 소재
- 복선의 역할을 하는 소재 : 바람</td><td>PPT</td></tr>
<tr><td></td><td>학습 동기
유발</td><td>▶ 학습 동기를 유발한다.
- 잘 알려진 전래동화인 '흥부와 놀부'의 한 장면을 보여주고, 주요 갈등과 그의 해결 방법,</td><td>▷ 흥미를 가지고 살펴본다.
- 주요 갈등 : 욕심 많은 놀부와 착한 흥부의 외적 갈등
- 해결 방법 : 놀부가 욕심을 부리</td><td></td></tr>
</table>

<table>
<tr><td rowspan="4">도입
(5분)</td><td rowspan="4">학습 목표
제시</td><td>주제 등을 이야기해 보게 한다.
- 갈등 해결 과정과 주제 제시의 연관성을 생각해 보게 한다.

▶ '문학과 갈등'이라는 소단원명과 관련하여 배워야 할 중심 내용이 무엇일지 생각하여 자유롭게 답해 보게 한다.
- 교과서 제재를 통해 가장 중심적으로 다루고 있는 것이 무엇인지 답할 수 있도록 유도한다.</td><td>다가 벌을 받고, 흥부는 복을 받음.
- 주제 : 착하게 살면 복을 받고, 악하게 살면 벌을 받는다. 형제간에는 사이좋게 지내야 한다. 등
- 화면을 주의깊게 살펴보며 오늘 배울 내용에 대해 관심을 가진다.

▷ 소단원명을 생각하며 '자전거 도둑'에서 이 단원을 통해 배워야할 중심 내용이 무엇일지 자유롭게 답한다.
- 단원명이 문학과 갈등이라는 점을 상기하며 답한다.
- 갈등이 어떻게 생기는지, 누구와 누구 사이에 갈등이 생기는지 등.</td><td rowspan="4">PPT</td></tr>
<tr><td>▶ 답변한 내용을 모아 학습 목표를 제시한다.
- 학습 목표를 파워포인트로 제시하고 다함께 큰 소리로 읽게 하여 오늘 배울 내용을 학생들에게 인지시킨다.</td><td>▷ 학습할 주요 내용을 생각하며 제시된 학습 목표를 확인한다.
- 학습 목표를 큰 소리로 읽으면서 오늘 배울 내용이 무엇인지 인지한다.</td></tr>
<tr><td>▶ 학습 과정을 미리 제시하고 오늘 배울 내용을 생각해 보게 한다.</td><td>▷ 제시된 학습 내용을 주의 깊게 살펴보고, 오늘 배울 학습 과정을 이해한다.</td></tr>
<tr><td colspan="2">〈 학습할 내용 〉
- '자전거 도둑'의 주요 갈등을 유형별로 파악하기
- 갈등 상황에서 수남이의 심리 상태 알아보기
- 갈등의 해결 과정 파악하기
- 갈등 해결 과정을 통한 주제 찾기</td></tr>
</table>

전개 (35분)	학습목표1	▶ '자전거 도둑'에 나타나는 주요 갈등을 찾아보게 한다. 〈소설의 갈등 유형별로 파악하기 〉 - 자전거 도둑의 주요 장면을 보여준 후, 교과서를 살펴보면서 갈등 상황을 파악하여 학습지에 정리하게 한다. - 갈등의 유형별로 파악하게 한다. - 정리된 내용을 손을 들을 발표하게 한다. ▶ 갈등 상황에서 수남이의 심리 상태를 파악하여 정리하게 한다. 〈갈등 상황에 따른 인물의 심리 상태 파악하기 〉 - 갈등이 해결되기 전과 후의 수남이의 심리 상태를 생각해 보고 학습지에 써보도록 한다. - 정리한 내용을 손을 들어 발표하게 한다	▷ 설명을 듣고 갈등의 유형을 이해한다. - 자전거 도둑의 주요 장면을 보여주는 동영상을 보고, 주요 갈등 상황을 파악하여 학습지에 정리한다. - 내용이 정리되면 옆 자리 학생과 내용을 비교해보고 손을 들어 발표한다. ▷ 갈등 상황에서 수남이의 심리 상태를 파악하여 학습지에 정리한다. - 갈등 상황에서 인물의 심리 상태를 생각해 보고 옆 자리의 친구와 의견을 나눠본다. - 생각해 본 내용을 바탕으로 학습지에 정리하고 손을 들어 발표한다.	PPT, 동영상, 학습지
	학습목표2	▶ 갈등 상황이 어떻게 해결되었는지 찾아보게 한다. 〈갈등 상황의 해결 방법 찾기〉 - 주요 갈등 상황을 그림으로 제시하고 수남이의 갈등 해결 방법을 학습지에 정리해 보게 한다. - 해당 상황에서 자신이라면 어떻게 행동했을지 옆 친구와 의견을 나눠본 후 그 내용을 학습지에 정리하게 한다. - 손을 들어 발표하게 한다.	▷ 갈등 상황을 파악하여 학습지에 정리한다. - 주요 갈등 상황이 제시된 그림을 보고 수남이의 갈등 해결 방법을 학습지에 정리한다. - 내가 수남이라면 어떻게 행동했을지 생각해보고, 옆 친구와 의견을 나눠본다. - 손을 들어 발표한다.	PPT, 소단원 학습지

전개 (35분)		▶ 소설의 주제와 관련되는 중심 갈등을 찾아, 주인공의 갈등 해결 과정을 통해 주제를 파악하게 한다. 〈갈등 해결 과정을 통한 주제 파악하기〉 - 수남이의 갈등 해소 방법을 통해 작가가 전달하고자 한 의미가 무엇이었는지 생각해 보도록 한다. - 정리한 내용을 손을 들어 발표해 보게 한다. - 나온 답변을 정리하여 주제와 연결시키고 소설에서 갈등 해결 과정을 통해 주제가 제시됨을 설명한다.	▷ 중심 갈등을 찾고, 주인공의 갈등 해결 과정에 따라 주제를 찾아본다. - 갈등이 어떤 방식으로 해결되었는지를 주목하며 그러한 해결 방식과 연관하여 주제를 찾아본다. - 손을 들어 발표한다. - 수남이의 갈등 해결 과정을 통해 소설의 주제를 찾아보고, 갈등의 해결 과정이 주제 제시와 연관되어 있음을 안다.	PPT, 소단원 학습지
정리 (5분)	본시 학습 정리	▶ 본시 학습을 정리한다. - 학습 목표를 다시 확인하게 하고, 오늘 배운 내용을 정리해 준다.	▷ 오늘 배운 내용을 정리한다. - 학습 목표를 다시 읽고, 오늘 배운 내용을 다시 한 번 정리한다.	PPT
	확인 학습 실시	▶ 확인 학습 문제를 제시한다. - 확인 학습 문제를 풀게 한 후 학습 목표 도달 정도를 확인한다.	▷ 확인 학습 문제를 푼다. - 확인 학습 문제를 풀고, 정답은 손을 들어 표시한다.	
	차시 학습 예고 및 과제 제시	▶ 차시 학습을 예고하고 과제를 제시한다. - '꿩'의 갈등 구조 파악을 차시 학습으로 예고하고, 작품을 미리 읽어오도록 과제를 제시한다.	▷ 다음 시간에 배울 내용과 과제를 주의 깊게 듣는다. - 주의 깊게 듣고 필기한다.	
	수업 종료	▶ 상호 인사하며 수업을 마친다.	▷ 바른 자세로 인사한다.	

※ 학습지 및 확인학습 내용 생략 (수정 전 자료 참고)

3차시 수업컨설팅 절차

3차시 수업컨설팅은 1학년 1반과 1학년 5반을 대상으로 '(2) 격려나 위로의 글쓰기' 단원을 통해 실시하였다. 3차시 수업컨설팅은 교육과정의 성취 기준과의 연관성, 수업의 흐름 및 분위기에 대하여 주로 컨설팅 하였다.

◈ 진단 단계(Diagnosis Stage)

3차시 수업에 대한 교수 · 학습 과정안 및 학습 자료 검토, 컨설팅의 초점을 정하는 수업 공개 전 협의회를 실시하여 〈표 4-14〉와 같이 수업컨설팅 일지를 작성하였다.

<표 4-14> 수업컨설팅 일지(1회)

교 과	국어	일 시	2011년 5월 11일 6교시
수업자	○○○	컨설턴트	○○○
단 원	3. 더불어 살아가기 (2) 격려나 위로의 글 쓰기		
컨설팅의 주안점	교육과정의 성취 기준과의 연관성 판서		
컨설팅 내용	• 교육과정의 성취 기준과의 연관성 - 쓰기의 실제: 여러 가지 표현 전략을 사용하여 격려하거나 위로하		

	는 글을 쓴다. - 내용 요소 지식: 격려나 위로가 필요한 상황을 이해하기 기능: 비유나 강조 등 다양한 표현 전략을 사용하여 쓰기, 독자에게 영향을 미치는 다양한 표현 전략 이해하기 맥락: 주제에서 벗어난 내용과 상투적인 표현을 찾아 고쳐쓰기 • 판서 - 판서는 교사가 수업 과정에서 칠판에 백묵을 활용하여 쓰거나 그리는 문자, 그림, 도표 등을 가리킨다. - 판서는 학습 단원, 학습 목표, 학습 주제, 학습 내용의 요약에 주로 쓰인다. - 판서를 할 때에는 칠판을 두세 등분하여 중앙부터 쓴다. - 판서의 글씨는 학습자의 시야를 가리지 않아야 하고, 맨 뒷자리의 학생이 읽을 만큼 충분한 크기여야 한다. - 판서의 내용은 가급적 지우지 않아야 한다.

◈ 실행 단계(Implementation Stage)

① 교수 · 학습활동 분석표 작성

1학년 1반을 대상으로 '(1) 격려나 위로의 글쓰기'라는 단원의 3차시 수업에 실제 참관하면서 컨설턴트는 〈표 4-15〉와 같이 교수 · 학습활동 분석표를 작성하였다.

<표 4-15> 교수 · 학습활동 분석표

일시	2011년 5월 12일 6교시	대상	1학년 1반	장 소	1-1 교실
교과	국 어	수업자	○○○	컨설턴트	○○○
단원	3. 더불어 살아가기 (2) 격려나 위로의 글쓰기				

<table>
<tr><th colspan="2" rowspan="2">영역</th><th rowspan="2">관 찰 요 소</th><th colspan="2">의 견</th></tr>
<tr><th>우수한 점</th><th>개선할 점</th></tr>
<tr><td colspan="2" rowspan="3">수업 설계</td><td>사전 교재연구를 철저히 하였는가?</td><td rowspan="3">- 교육과정의 성취기준과의 연관성을 고려하여 수업을 설계함.</td><td rowspan="3"></td></tr>
<tr><td>교수·학습 목표가 행동변화를 가져오도록 진술되었는가?</td></tr>
<tr><td>교수·학습 계획이 학습 유형에 알맞게 짜여졌는가?</td></tr>
<tr><td rowspan="9">교수·학습활동</td><td rowspan="2">도입 단계</td><td>전시학습을 적절히 상기시켰는가?</td><td rowspan="9">- 수업의 처음부터 끝까지 교수·학습 과정안을 머릿속에 담고 계신 것이 느껴졌으며 경력에 맞게 표정, 목소리, 수업 진행 모두가 자연스럽게 연결된 차분한 수업이었음.

- 모둠 활동을 통해 학생들이 해당 상황에서 다양한 격려와 위로의 글을 접해 볼 수 있는 기회를 만든 점이 좋았음.</td><td rowspan="9">- 교사가 주의를 집중하게 하는 학생은 대체로 학습에 열중하지 않는 학생이지만, 반면에 교사가 거의 무의식적으로 주의를 집중하게 되는 학생이 있고 그 결과 교사는 학급 내 모든 학생들에게 동등한 수업 참여 기회를 제공하지 못하고 특정 학생이나 모둠과만 상호 작용을 하는 오류를 범할 수도 있음. 그러므로 교사의 시선에서 사라지기 쉬운 왼쪽 학생, 남학생, 외우기 어려운 이름의 학생, 학업 성취가 떨어지는 학생, 학급의 중간</td></tr>
<tr><td>동기유발에는 어떤 아이디어가 사용되었는가?</td></tr>
<tr><td rowspan="3">학습 목표 제시</td><td>학습목표를 어떤 방법으로 제시하였는가?</td></tr>
<tr><td>구체적이고 행동적인 용어로 진술되었는가?</td></tr>
<tr><td>동기유발과 관련지어 학습목표를 제시하였는가?</td></tr>
<tr><td rowspan="3">학습 활동</td><td>학습은 학생이 주체가 되어 진행되고 있는가?</td></tr>
<tr><td>학습 활동에 학생의 참여도가 높도록 어떤 방법으로 유도하고 있는가?</td></tr>
<tr><td>발표 및 활동 기회를 다수에게 제공하고, 수업 난이도와 속도를 어떻게 조절하는가?</td></tr>
<tr><td>교사 태도</td><td>수업 중 적절한 제스처(손 동작, 몸짓)를 사용하는가?</td></tr>
</table>

		교사의 시선 처리는 어떻게 이루어지는가?		앞부분에 앉지 않는 학생을 의식적으로 보는 연습을 해야 함.
		어떤 주의 집중 방법이 활용되었는가?		
	발문	창의성을 유도하며 확산적인 발문을 사용하는가?		- 본격적으로 표현 방법을 배운 것이 처음이므로 학생들이 비슷한 상황에서 격려와 위로의 글을 어떤 내용으로 쓸 수 있는지, 표현 방법을 어떻게 사용할 수 있는지 느낄 수 있는 교사 시범 자료를 제시하고 설명해 줄 필요가 있음.
		학습의 강조점에 따라 음성 고저를 잘 조절하는가?		
		생각하여 답변할 시간을 주며, 어려운 질문은 격려·보조하는가?		
	교수학습자료	학습 자료는 학생의 수준에 알맞은가?		
		학습 내용에 어떻게 관련되어 활용되는가?		
		자료를 효과적으로 활용하는가?		
	판서	계획성(내용과 시기)있고 구조적으로 이뤄졌는가?		
		내용을 명확히 요약하여 판서하는가?		
	평가	학습내용의 요약, 정리가 어떻게 이루어지는가?	- 차시 예고를 할 때 차시 학습 목표를 제시하고, 차시와 본시의 학습 내용이 맺는 관련성을 설명하여 학생들의 예습을 활성화함.	
		확인학습의 방법이 어떻게 이루어지는가?		
	차시예고	학생들에게 질의 시간을 주었는가?		
		차시학습 예고가 이루어졌는가?		
환경 조성		학생과 교사 간에 상호존중의 수업분위기가 조성되었는가?	- 학생과 교사 간에 상호존중의 수업 분위기가 조성됨.	

② 자기수업점검표 작성

수업 공개 후 의뢰인은 자기 수업을 스스로 평가하고 〈표 4-16〉과 같이 자기수업점검표를 작성하였다.

<표 4-16> 자기수업점검표

<table>
<tr><td>일시</td><td colspan="2">2011년 5월 12일 목요일 6교시</td><td>교과</td><td>국어</td><td>차시</td><td>9 / 10</td></tr>
<tr><td>수업자</td><td colspan="2">○○○</td><td>대상</td><td>1학년 1반</td><td>컨설턴트</td><td>○○○</td></tr>
<tr><td>단원</td><td colspan="6">3. 더불어 살아가기 (2) 격려나 위로의 글쓰기</td></tr>
<tr><td>학습
목표</td><td colspan="6">1. 격려나 위로를 위한 글에 사용된 표현 방법의 효과를 말할 수 있다.
2. 표현 방법을 활용하여 격려나 위로의 글을 쓸 수 있다.</td></tr>
<tr><th>평가
영역</th><th>평가
요소</th><th colspan="5">평 가 내 용</th></tr>
<tr><td>수업
계획</td><td>수업
설계</td><td colspan="5">• 격려나 위로가 필요한 상황에서 마음을 담은 글을 실제로 써 볼 수 있는 기회를 제공하고 이를 통해 효과적인 표현 방법 사용 등을 익힐 수 있도록 설계함.</td></tr>
<tr><td rowspan="4">교수
·
학습
활동</td><td>동기
유발</td><td colspan="5">• 감정이 극대화되어 있는 가요의 가사 중 표현 방법이 잘 드러난 것을 찾아 흥미롭게 제시함.</td></tr>
<tr><td>수업
운영</td><td colspan="5">• 글쓰기의 과정이 포함되어 있으므로 분량이 짧다고는 하나 충분한 시간적인 여유를 제공하지 못한 점이 아쉬움.
• 다양한 상황에 대한 다양한 글을 살펴볼 수 있도록 모둠을 활용한 점은 효율적이었음.</td></tr>
<tr><td>자료
및
학습
매체</td><td colspan="5">• 주로 학습지 지면을 통해 제재가 제시되어 단조로운 느낌이 있음.
• 동영상 등의 사용을 고려해 볼 수 있으나 자칫 주요 내용을 간략히 전달할 수 없어 효율적이지 못하므로 지면으로 제시하는 것이 더 효과적이었다고 판단됨.</td></tr>
<tr><td>학습
태도</td><td colspan="5">• 진지한 태도로 글을 쓰는 학생도 있으나, 장난스럽게 임하는 학생이 보임. 격려와 위로의 글이 가지는 의미를 다시 한 번 일깨워 주고 바른 자세로 임하도록 지도함.</td></tr>
</table>

	학습 정리	• 발표한 내용을 활용하여 학습 목표와 관련된 주요 내용을 간략하게 정리함.
평가	평가 활동	• 확인 학습에 대해 대부분의 학생들이 답을 하였고, 적극적으로 참여함.
본 수업에서 좋았던 점		• 학생들이 흔히 접할 수 있고, 또 자신도 겪을 수 있는 상황을 제시하여 나의 입장에서 다른 사람의 입장에서 동시에 생각해 볼 수 있는 기회를 제공하였으며, 단순한 글쓰기를 넘어서 남을 배려하고 이해하는 마음을 가져볼 수 있게 한 점이 좋았음.
본 수업에서 개선해야 할 점		• 자유롭게 자기의 생각을 발표할 수 있는 시간을 더 확보해주고, 확장과 갈무리를 적절하게 해야 할 필요가 있음.

◈ 평가 단계(Evaluation Stage)

수업 참관 후, 의뢰인과 컨설턴트간의 상호협동적인 논의를 통해 수업개선을 위한 방안을 설정하도록 협의회를 실시하고 〈표 4-17〉과 같이 수업컨설팅 일지를 작성하였다.

<표 4-17> 수업컨설팅 일지(2회)

교 과	국어	일 시	2011년 5월 12일 방과후
수업자	○○○	컨설턴트	○○○
단 원	3. 더불어 살아가기 (2) 격려나 위로의 글 쓰기		
컨설팅의 주안점	수업의 흐름 및 분위기 교사의 시범 보이기 활동		
컨설팅 내용	- 어려워진 집안 형편으로 힘들어하는 보은이의 일기에 대한 격려와 위로가 담긴 편지글을 제시하여 격려나 위로가 필요한 상황에 효과적으로 격려나 위로를 할 수 있도록 한 표현 전략을 파악하게 하여 표현 방법 사용의 효과를 알아보도록 한 점이 적절했음.		

	- 학생들이 접할 수 있는 격려나 위로가 필요한 새롭고 다양한 상황을 제시하여 격려나 위로의 글을 직접 써 보고, 표현 방법을 사용해보도록 하는 일련의 과정이 노련하고 능숙함. - 학생들이 흔히 겪을 수 있는 학교생활, 친구, 가족 등과 관련된 고민의 상황들을 잘 포착하여 학습목표를 성취하는데 효과적으로 활용함. - 본격적으로 표현 방법을 배운 것이 처음이므로 학생들이 비슷한 상황에서 격려와 위로의 글을 어떤 내용으로 쓸 수 있는지, 표현 방법을 어떻게 사용할 수 있는지 느낄 수 있는 교사 시범 자료를 제시하고 설명해 줄 필요가 있음. - 교사와 학생 사이에 래포 형성이 잘 되어 있어 화목한 수업 분위기가 느껴짐.

◈ 환류 단계(Feedback Stage)

1학년 1반에 실시했던 같은 내용의 교정된 교수법, 교수 · 학습 과정안, 수업 자료 등을 1학년 5반에 적용해 본 후, 협의회를 통해 〈표 4-18〉과 같이 수업컨설팅 일지를 작성하였다.

<표 4-18> 수업컨설팅 일지(3회)

교 과	국어	일 시	2011년 5월 13일 7교시
수업자	○○○	컨설턴트	○○○
단 원	3. 더불어 살아가기 (2) 격려나 위로의 글 쓰기		
컨설팅의 주안점	주의 집중하기 컨설팅 전반에 대한 협의		
컨설팅 내용	- 주의를 집중시키는 방법으로 가장 널리 사용되는 것은 눈 마주치기이다. 수업 중에 눈이 마주치지 않은 사람이 발견될 때 그 학생을 차분히 보고 있으면 눈치를 채고 수업에 집중하게 된다. 눈을 마주친 경우에는 잘못을 학생 스스로도 알기 때문에 굳이 질책을 하지 않아도 된다. 주의를 주었는데도 집중하지 않는다면 학생에게 학습과제를 부과하거나 질문에 대답을 하도록 할 수 있다. - 교사가 주의를 집중하게 하는 학생은 대체로 학습에 열중하지 않는 학생이지만, 교사가 거의 무의식적으로 주의를 집중하게 되는 학생이 있다. 그 결과 교사는 학급 내 모든 학생들에게 동등한 수업 참여 기회를 제공하지 못하고 특정 학생이나 모둠과만 상호작용을 하는 오류를 범할 수도 있다. 그러므로 교사의 시선에서 사라지기 쉬운 왼쪽 학생, 남학생, 외우기 어려운 이름의 학생, 학업성취가 떨어지는 학생, 학급의 중간 앞부분에 앉지 않는 학생을 의식적으로 보는 연습을 해야 한다. - 수업자와 컨설턴트 모두 창의적이고 효율적인 교수·학습과정에 대해 배울 수 있는 좋은 계기가 되었음. 수업 컨설팅의 의도가 교사의 수업기술 향상과 전략 향상에 있는 만큼 교사 스스로 수업 개선에 대한 의지를 가지고 적극 참여하는 것은 매우 의미 있는 활동임.(수업 설계면, 교수 행위 체제면, 학생 활동 체제면, 학습 분위기 및 환경면 등) - 이번 컨설팅이 국어과 수업의 교수·학습 모형 적용 방안 및 세밀한 사전, 사후 협의회 활성화 및 주제 장학 협의의 기반이 되었길 기대함.			

◈ 교수·학습활동 자료 - 수정 전

① 교수 · 학습 과정안

<table>
<tr><td rowspan="2">교 과</td><td rowspan="2">국어과</td><td>학년반</td><td colspan="4">1-1</td></tr>
<tr><td>장소</td><td>1-1교실</td><td colspan="2">지도교사</td><td>○○○</td></tr>
<tr><td rowspan="2">단원명</td><td colspan="3" rowspan="2">3. 더불어 살아가기 (2) 격려나 위로의 글 쓰기</td><td rowspan="2">차시</td><td rowspan="2">9/10</td><td>관 련</td></tr>
<tr><td>6-2 정든 친구들</td></tr>
<tr><td>학 습 목 표</td><td colspan="6">1. 격려나 위로를 위한 글에 사용된 표현 방법의 효과를 말할 수 있다.
2. 표현 방법을 활용하여 격려나 위로의 글을 쓸 수 있다.</td></tr>
<tr><td>학 습 자 료</td><td colspan="6">학습지, 컴퓨터(PPT자료, 동영상 자료)</td></tr>
</table>

<table>
<tr><td rowspan="2">지 도 단 계 (시간)</td><td rowspan="2">학습 내용</td><td colspan="2">교수 · 학습 활동</td><td rowspan="2">자료 및 지도상 유의점</td></tr>
<tr><td>교사 활동</td><td>학생 활동</td></tr>
<tr><td rowspan="2">도입
(5분)</td><td>수업의 분위기 조성</td><td>▶ 상호 인사 후 학습 분위기를 조성한다.
- 주변을 정리시키고 바른 자세로 앉게 한다.

▶ 출석 여부를 확인한다.
- 결석한 학생의 유무를 파악한 후 출석부에 기재한다.

▶ 단원명을 제시하고 전시 학습을 확인한다.</td><td>▷ 상호 인사한다.

- 바른 자세로 인사하며 주변을 정리하고 수업을 준비한다.

▷ 출석 여부를 확인한다.
- 결석한 사람이 있으면, 선생님께 말씀드린다.

▷ 지난 시간에 배운 내용을 확인하며 문제를 푼다.</td><td>PPT</td></tr>
<tr><td>전시 학습 확인</td><td colspan="2">〈전시 학습 확인〉
✤ 인상적이고 효과적으로 내용을 전달할 수 있는 표현 방법에는 어떤 것이 있을까요?

① (　　　　) : 어떤 대상을 다른 대상에 빗대어 표현하는 방법
② (　　　　) : 문장 배열 순서를 바꾸거나 의문문이 아닌 것을 의문문으로 표현하는 방법
③ (　　　　) : 과장하거나 반복하여 어떤 사실이나 정서를 강조해서 드러내는 방법</td><td></td></tr>
</table>

<table>
<tr>
<td rowspan="4">도입
(5분)</td>
<td>학습 동기
유발</td>
<td>▶ 학습 동기를 유발한다.
- 가요 ‘죽어도 못 보내’, ‘총 맞은 것처럼’의 한 부분을 들려주고, 가사를 보여 준다.

- 이별의 아픔을 절절 하게 느끼게 하는 표현이 무엇인지 자유롭게 말해 보도록 한다.
- 표현의 효과에 대해 생각해 보고 오늘 배울 내용과 연관시킨다.</td>
<td>▷ 흥미를 가지고 살펴본다.
- 노래 가사를 유심히 듣고, 가사에서 느껴지는 감정과, 그러한 감정이 잘 느껴지게 한 요소가 무엇인지 생각해 본다.
- 생각한 내용을 자유롭게 대답하며, 오늘 배울 내용을 예상해 본다.
- 과장된 표현, 비유의 표현</td>
<td rowspan="4">PPT</td>
</tr>
<tr>
<td>학습 목표
제시</td>
<td>▶ 학습 목표를 제시한다.
- 학습 목표를 파워포인트로 제시하고 다함께 큰 소리로 읽게 하여 오늘 배울 내용을 학생들에게 인지시킨다.</td>
<td>▷ 학습 목표를 확인한다.
- 학습 목표를 큰 소리로 읽으면서 오늘 배울 내용이 무엇인지 인지한다.</td>
</tr>
<tr>
<td></td>
<td>▶ 오늘 배울 내용을 학습 흐름도를 통해 안내한다.</td>
<td>▷ 오늘 배울 내용을 학습 흐름도를 통해 인지한다.</td>
</tr>
<tr>
<td>학습
흐름도
제시</td>
<td colspan="2">〈 학습 흐름도 〉

교과서 수빈이의 편지글에서
표현 방법이 사용된 부분 찾기
↓
표현 방법을 사용의 효과 알아보기
↓
격려나 위로가 필요한 상황 1가지를
골라 인물의 처지 파악하기
↓
표현 방법을 사용하여 자신이 고른
상황에 대한 격려나 위로의 글 쓰기</td>
</tr>
</table>

	학습 목표1	▶ **교과서 122쪽 수빈이의 편지글에서 표현 방법이 사용된 부분을 찾게 한다.** - 지난 시간에 배운 표현 방법을 생각해보고 편지글에 나타난 각각의 표현 방법을 구분하여 학습지에 정리하게 한다. - 정리한 내용을 모둠 학생과 비교하여 서로 다른 곳이 있으면 의논해 보게 한다. - 표현 방법 유형별로 발표하게 하고 내용을 수정 보완하여 정리해 준다.	▷ **수빈이의 편지글에서 표현 방법이 사용된 부분을 찾는다.** - 지난 시간에 배운 표현 방법을 상기하며 여러 표현 방법이 어떻게 사용되었는지 찾아 학습지에 정리한다. - 모둠원과 자신의 정리 내용을 살펴보고 서로 다른 부분이 있는지 살펴보고, 바르게 수정한다. - 정리된 내용을 손을 들어 발표한 후, 선생님이 정리해 주시는 내용과 비교하여 수정 보완한다.	PPT, 교과서, 학습지
전개 (35분)		▶ **표현 방법을 사용하였을 때와 그렇지 않았을 때를 비교하여 표현 방법의 효과를 알게 한다.** - 표현 방법을 사용한 것과 그렇지 않은 것을 비교하여 사용했을 때의 효과를 적게 한다. - 정리한 내용을 손을 들어 발표하게 한다. - 표현 방법 사용의 효과를 ppt 화면을 통해 정리해 준다.	▷ **표현 방법을 사용하였을 때와 그렇지 않았을 때를 비교하여 표현 방법의 효과를 생각해서 정리한다.** - 비유하기 사용의 효과 : 상황이 구체적이고 생생하게 느껴진다. 변화 주기의 효과 : 단조로운 문장 흐름에 변화를 주어 읽는 사람의 주의를 더 끈다. 강조하기의 효과 : 느낌을 강조함으로써 읽는 사람에게 강한 인상을 준다. - 정리한 내용을 손을 들어 발표한다. - ppt 화면을 통해 표현 방법 사용의 효과를 인지한다.	PPT

전개 (35분)	학습목표2	**▶ 격려나 위로가 필요한 상황을 제시한다.** - 격려나 위로가 필요한 상황을 3가지 제시하고, 그 중에서 하나를 고르게 한다. - 내가 고른 상황의 인물이 처한 처지를 간단히 정리한다.	**▷ 격려나 위로가 필요한 다양한 상황을 보고 마음에 드는 상황을 하나 고른다.** - 격려나 위로가 필요한 상황 3가지 중에 하나를 골라 인물이 처한 처지를 간단히 정리해 본다.	PPT 학습지 동영상
		▶ 선택한 상황에 알맞은 격려나 위로의 글을 쓰게 한다. - 어떤 내용으로 격려나 위로의 글을 쓸 것인지 미리 생각해 보게 한다. - 미리 생각한 내용을 바탕으로 글을 쓰되, 앞에서 배운 표현 방법을 2가지 이상 사용하여 쓰도록 한다.	**▷ 제시된 상황 중에서 하나를 골라 격려나 위로의 글을 쓴다.** - 어떤 내용으로 쓸 것이지 미리 생각해 본다. - 글의 분량을 생각하여 두세 가지 내용으로 작성한다. - 적절한 표현 방법을 2가지 이상 사용하여 글을 쓴다.	
		▶ 모둠원과 글을 바꿔보고 표현 방법이 사용된 부분을 서로 찾아본다. - 글의 내용이 상황에 적절한 위로와 격려를 담고 있는지 살펴보게 한다. - 옆 친구가 쓴 글에서 표현 방법이 사용된 부분을 찾아 밑줄을 그어보게 한다. - 내용에 어울리는 표현 방법인지 서로 의견을 나누게 한다.	**▷ 작성한 글을 모둠에서 오른쪽에 위치한 친구와 바꿔 본다.** - 상황에 적절한 내용을 효과적인 표현 방법을 사용하여 표현하고 있는지 살펴본다. - 표현 방법이 사용된 부분에 밑줄을 그어보고 어색한 부분이 있는지, 잘 표현된 점은 무엇인지 서로 의견을 나눈다.	PPT 학습지
		▶ 작성한 글을 발표하게 한다. - 상황별로 고르게 발표할 수 있도록 한다. - 격려와 위로의 마음이 잘 드러나 있는지 살펴보며 듣게 한	**▷ 손을 들어 발표한다.** - 작성한 글을 손을 들어 발표한다. - 표현 방법이 사용된 부분을 정리하여 말한다.	

		다. - 표현 방법을 적절히 사용하였는지 파악하며 듣도록 지도한다.	- 친구들의 글에 어떤 내용이 담겨 있는지, 표현 방법은 어떤 것을 사용하고 있는지 파악하며 듣는다.	
정리 (5분)	본시 학습 정리	▶ **본시 학습 내용을 정리해 준다.** - 표현 방법 사용의 효과 - 표현 방법을 활용하여 격려나 위로의 글쓰기를 할 때, 유의할 점 - 상황에 적절한 격려나 위로의 내용 찾기, 적절한 표현 방법 사용 시 유의 점	▷ **학습 목표를 생각하며 오늘 배운 내용을 정리해 본다.**	PPT
	확인 학습 실시	▶ **확인 학습 문제를 제시한다.** - 확인 학습 문제를 풀게 한 후 학습 목표 도달 정도를 확인한다.	▷ **확인 학습 문제를 푼다.** - 확인 학습 문제를 풀고, 정답은 손을 들어 표시한다.	
	차시 학습 예고 및 과제 제시	▶ **차시 학습을 예고하고 과제를 제시한다.** - 다음 시간에 생활국어 92쪽을 학습할 것을 안내한다. - 격려나 위로의 내용이 담긴 노랫말을 찾아 공책에 써오도록 과제로 제시한다.	▷ **다음 시간에 배울 내용과 과제를 주의 깊게 듣는다.** - 다음 시간에 배울 내용을 예상하며, 과제 내용을 필기한다.	
	수업 종료	▶ **상호 인사하며 수업을 마친다.**	▷ **바른 자세로 인사한다.**	

② 학습지

소단원 학습지	3. 더불어 살아가기 **❷ 격려나 위로의 글 쓰기**
	1학년 (　　) 반 (　　) 번　이름 (　　　　　　)

오늘 배울 내용을 알아봅시다!

☺ 학습목표1
교과서 수빈이의 편지글에서 표현 방법이 사용된 부분 찾기
►표현 방법 사용의 효과 알아보기

☺ 학습목표2
격려나 위로가 필요한 상황 1가지를 골라 인물의 처지 파악하기
►표현 방법을 사용하여 자신이 고른 상황에 대한 격려나 위로의 글쓰기

수빈이의 편지에서 표현 방법을 사용한 부분

✤ 교과서 122쪽 수빈이의 편지글을 보고 표현 방법이 사용된 부분을 정리해 봅시다.

표현 방법	수빈이가 사용한 표현
비유하기	• 지금은 끝이 없는 터널처럼 답답하게 느껴지더라도 • •
변화주기	• 난 아직도 생각나, 너를 처음 봤을 때가. • •
강조하기	• 네가 얼마나 밝게 웃으며 말을 걸던지, 세상이 다 환해지는 것 같았어. •

표현 방법 사용의 효과

✤ 표현 방법을 사용하였을 때와 사용하지 않았을 때를 비교해 보고, 표현 방법의 효과를 생각해 봅시다.

표현 방법	표현 방법을 사용한 경우	표현 방법을 사용하지 않은 경우	표현 방법 사용의 효과
비유하기	• 지금은 끝이 없는 터널처럼 답답하게 느껴지더라도	• 지금은 이 어려운 상황이 계속 이어질 것만 같아서 답답하게 느껴지더라도	• 상황이 구체적이고 생생하게 느껴진다.
변화 주기	• 난 아직도 생각나, 너를 처음 봤을 때가.	• 난 너를 처음 봤을 때가 아직도 생각나.	•
강조하기	• 네가 얼마나 밝게 웃으며 말을 걸던지, 세상이 다 환해지는 것 같았어.	• 네가 정말 밝게 웃으며 말을 걸어서 기분이 좋아지더라.	•

적절한 표현 방법을 사용하여 격려나 위로의 글 쓰기

✤ 격려나 위로가 필요한 다음 상황 중에 1가지를 골라 인물이 어떤 상황인지 정리해 봅시다.

상황 1. 세리에게 위로와 격려의 글을 써 보자.

항상 자신만만하고 다른 사람을 배려할 줄 모르는 세리는 같은 학급의 남학생 아인이를 짝사랑하게 되었다. 아인이의 주변을 맴돌고, 아인이에게 평소 보여주지 않은 모습을 보여주며, 선물도 하자 아인이가 불편해 하며 이유를 묻는다. 세리는 용기를 내서 아인이에게 고백하지만, 아인이는 자신은 같은 마음이 아니라고 하고 세리는 크게 상심한다.

상황 2. 우준이에게 위로와 격려의 글을 써 보자.

우준이는 친구들에 비해 키가 작고 몸이 마른 편이다. 중학교에 가면 쑥쑥 자랄 것이라고 생각했는데, 예상보다 키는 많이 자라지 않은 것 같았다. 게다가 몸이 마른 편이라 더 작아 보여 요즘 거울을 볼 때마다 속이 상한다. 부모님은 때가 되면 다 자란다고 하시지만 놀리는 친구들도 있고, 자꾸만 신경이 쓰여서 매사에 자신감이 없어지고 있다.

상황 3. 윤서에게 위로와 격려의 글을 써 보자.

윤서와 수진이와 정수는 초등학교 때부터 친한 친구 사이이다. 서로 누구보다 친하다고 믿는 윤서는 요즘 수진이와 정수가 자신을 멀리한다는 느낌을 자주 받곤 한다. 자신과 말도 잘 하지 않고, 둘이서만 이야기를 나누는 모습을 자주 본 윤서는 서운하고 화가 나지만 이유를 알 수 없어서 답답하다. 직접 이유를 물어보고 싶은 마음도 있지만, 자존심도 상하고 얄미운 마음도 들어서 묻지 않고 있다. 하지만 단짝 친구였던 아이들과 멀어지면서 늘 외롭고 우울하며 화가 나서 공부도 잘 안되고, 집에서도 가족들에게 짜증만 내고 있다.

☹ 내가 고른 상황 - (　　) 번
☹ 인물의 처지

내가 고른 상황	인물의 처지

✤ 내가 고른 상황에 맞는 위로와 격려의 글을 써 봅시다. (2-3가지 내용으로 표현 방법 2가지 이상 사용하기)

〈　　　　〉에게

✤ 모둠의 오른쪽 친구에게 학습지를 주고, 다음 활동을 해 봅시다.

1. 어떤 위로와 격려의 내용을 담고 있나요? 상황에 적절한 내용인가요?

글에 담긴 위로와 격려의 내용	적절성(○표 하기)
*	(적절 , 부적절)
*	(적절 , 부적절)
*	(적절 , 부적절)

2. 표현 방법이 사용된 부분에 밑줄을 긋고 어떤 표현 방법을 사용했는지 밑줄 옆에 쓰고, 효과적으로 사용되었는지 이야기해 봅시다.

3. 자신의 학습지를 찾아와서 친구들이 찾은 내용을 확인해봅시다. 모둠에서 잘 쓴 내용은 손을 들어 발표해 봅시다.

③ 확인 학습

소단원	3. 더불어 살아가기 ❷ 격려나 위로의 글 쓰기
확인학습	1학년 ( ) 반 ( ) 번 이름 ( )

1. 다음 글에는 비유하기, 변화 주기, 강조하기 중에서 어떤 표현 방법이 사용되었는지 쓰시오.

“옥림아, 그건 네가 오해하고 있는 것뿐이야. 오해라고! 오해!”

2. 격려나 위로의 글을 쓴 후에 다음 내용을 삭제하기로 하였다. 그 이유는 무엇인지 쓰시오.

네가 흘린 구슬 같은 땀방울들이 쌓여

◈ 교수·학습활동 자료 - 수정 후

① 교수 · 학습 과정안

교 과	국어과	학년반	1-5			
		장소	1-5교실	지도교사		○○○
단원명	3. 더불어 살아가기 (2) 격려나 위로의 글 쓰기			차시	9/10	관 련 6-2 정든 친구들
학 습 목 표	1. 격려나 위로를 위한 글에 사용된 표현 방법의 효과를 말할 수 있다. 2. 표현 방법을 활용하여 격려나 위로의 글을 쓸 수 있다.					
학 습 자 료	학습지, 컴퓨터(PPT자료, 동영상 자료)					

지 도 단 계 (시간)	학습 내용	교수 · 학습 활동 교사 활동	교수 · 학습 활동 학생 활동	자료 및 지도상 유의점
도입 (5분)	수업의 분위기 조성	**▶ 상호 인사 후 학습 분위기를 조성한다.** - 주변을 정리시키고 바른 자세로 앉게 한다. **▶ 출석 여부를 확인한다.** - 결석한 학생의 유무를 파악한 후 출석부에 기재한다. **▶ 단원명을 제시하고 전시 학습을 확인한다.**	**▷ 상호 인사한다.** - 바른 자세로 인사하며 주변을 정리하고 수업을 준비한다. **▷ 출석 여부를 확인한다.** - 결석한 사람이 있으면, 선생님께 말씀드린다. **▷ 지난 시간에 배운 내용을 확인하며 문제를 푼다.**	PPT
	전시 학습 확인	〈전시 학습 확인〉 ✤ 인상적이고 효과적으로 내용을 전달할 수 있는 표현 방법에는 어떤 것이 있을까요? ① (　　　) : 어떤 대상을 다른 대상에 빗대어 표현하는 방법 ② (　　　) : 문장 배열 순서를 바꾸거나 의문문이 아닌 것을 의문문으로 표현하는 방법 ③ (　　　) : 과장하거나 반복하여 어떤 사실이나 정서를 강조해서 드러내는 방법		PPT, 동영상
	학습 동기 유발	**▶ 학습 동기를 유발한다.** - 가요 '죽어도 못 보내', '총 맞	**▷ 흥미를 가지고 살펴본다.** - 노래 가사를 유심히 듣고, 가사	

<table>
<tr><td rowspan="3">도입
(5분)</td><td></td><td>은 것처럼'의 한 부분을 들려주고, 가사를 보여 준다.

- 이별의 아픔을 절절하게 느끼게 하는 표현이 무엇인지 자유롭게 말해 보도록 한다.
- 표현의 효과에 대해 생각해 보고 오늘 배울 내용과 연관시킨다.</td><td>에서 느껴지는 감정과, 그러한 감정이 잘 느껴지게 한 요소가 무엇인지 생각해 본다.
- 생각한 내용을 자유롭게 대답하며, 오늘 배울 내용을 예상해 본다.

- 과장된 표현, 비유의 표현</td><td rowspan="3">PPT</td></tr>
<tr><td>학습 목표 제시</td><td>▶ 학습 목표를 제시한다.
- 학습 목표를 파워포인트로 제시하고 다함께 큰 소리로 읽게 하여 오늘 배울 내용을 학생들에게 인지시킨다.</td><td>▷ 학습 목표를 확인한다.
- 학습 목표를 큰 소리로 읽으면서 오늘 배울 내용이 무엇인지 인지한다.</td></tr>
<tr><td rowspan="2">학습 흐름도 제시</td><td>▶ 오늘 배울 내용을 학습 흐름도를 통해 안내한다.</td><td>▷ 오늘 배울 내용을 학습 흐름도를 통해 인지한다.</td></tr>
<tr><td></td><td colspan="2">〈 학습 흐름도 〉
교과서 수빈이의 편지글에서 표현 방법이 사용된 부분 찾기
↓
표현 방법을 사용의 효과 알아보기
↓
격려나 위로가 필요한 상황 1가지를 골라 인물의 처지 파악하기
↓
표현 방법을 사용하여 자신이 고른 상황에 대한 격려나 위로의 글쓰기</td><td></td></tr>
<tr><td></td><td>학습 목표1</td><td>▶ 교과서 122쪽 수빈이의 편지글에서 표현 방법이 사용된 부분을 찾게 한다.
- 지난 시간에 배운 표현 방법을 생각해보고 편지글에 나타난</td><td>▷ 수빈이의 편지글에서 표현 방법이 사용된 부분을 찾는다.
- 지난 시간에 배운 표현 방법을 상기하며 여러 표현 방법이 어</td><td></td></tr>
</table>

전개 (35분)		각각의 표현 방법을 구분하여 학습지에 정리하게 한다. - 정리한 내용을 모둠 학생과 비교하여 서로 다른 곳이 있으면 의논해 보게 한다.	떻게 사용되었는지 찾아 학습지에 정리한다. - 모둠원과 자신의 정리 내용을 살펴보고 서로 다른 부분이 있는지 살펴보고, 바르게 수정한다.	
		- 표현 방법 유형별로 발표하게 하고 내용을 수정 보완하여 정리해 준다.	- 정리된 내용을 손을 들어 발표한 후, 선생님이 정리해 주시는 내용과 비교하여 수정 보완한다.	
	학습목표1	**▶ 표현 방법을 사용하였을 때와 그렇지 않았을 때를 비교하여 표현 방법의 효과를 알게 한다.**	**▷ 표현 방법을 사용하였을 때와 그렇지 않았을 때를 비교하여 표현 방법의 효과를 생각해서 정리한다.**	PPT, 교과서, 학습지
		- 표현 방법을 사용한 것과 그렇지 않은 것을 비교하여 사용했을 때의 효과를 적게 한다.	- 비유하기 사용의 효과 : 상황이 구체적이고 생생하게 느껴진다. 변화 주기의 효과 : 단조로운 문장 흐름에 변화를 주어 읽는 사람의 주의를 더 끈다. 강조하기의 효과 : 느낌을 강조함으로써 읽는 사람에게 강한 인상을 준다.	
		- 정리한 내용을 손을 들어 발표하게 한다. - 표현 방법 사용의 효과를 ppt 화면을 통해 정리해 준다.	- 정리한 내용을 손을 들어 발표한다. - ppt 화면을 통해 표현 방법 사용의 효과를 인지한다.	
전개 (35분)		**▶ 격려나 위로가 필요한 상황을 제시한다.**	**▷ 격려나 위로가 필요한 다양한 상황을 보고 마음에 드는 상황을 하나 고른다.**	
		- 격려나 위로가 필요한 상황을 3가지 제시하고, 그 중에서 하나를 고르게 한다. - 내가 고른 상황의 인물이 처한 처지를 간단히 정리한다.	- 격려나 위로가 필요한 상황 3가지 중에 하나를 골라 인물이 처한 처지를 간단히 정리해 본다.	

<table>
<tr>
<td rowspan="3">전개
(35분)</td>
<td rowspan="3">학습목표2</td>
<td>▶ 표현 방법을 사용한 격려나 위로의 글을 예시로 제시한다.
- 어떤 내용으로 격려나 위로를 전하고 있는지 간단히 정리하여 말하게 한다.
- 사용된 표현 방법을 찾아보게 하여 자연스럽고 효과적인 표현과 참신하지 못하거나 어색한 것을 비교하며 살펴볼 수 있도록 한다.
- 여러 표현 방법 중 효과적인 표현 방법을 쓰도록 하며, 너무 상투적인 표현을 사용하지 않도록 지도한다.</td>
<td>▷ 선생님이 제시하는 예시글을 보며 질문에 답한다.
- 어떤 내용으로 작성되었는지 파악해 보고 말한다.
- 사용된 표현 방법을 찾아보고, 어색한 표현이나 참신하지 못한 표현이 있는지 찾아본다.
- 표현 방법을 사용할 때 유의할 점을 익힌다.</td>
<td rowspan="3">PPT,
학습지</td>
</tr>
<tr>
<td>▶ 선택한 상황에 알맞은 격려나 위로의 글을 쓰게 한다.
- 어떤 내용으로 격려나 위로의 글을 쓸 것인지 미리 생각해 보게 한다.
- 미리 생각한 내용을 바탕으로 글을 쓰되, 앞에서 배운 표현 방법을 2가지 이상 사용하여 쓰도록 한다.</td>
<td>▷ 제시된 상황 중에서 하나를 골라 격려나 위로의 글을 쓴다.
- 어떤 내용으로 쓸 것이지 미리 생각해 본다.
- 글의 분량을 생각하여 두세 가지 내용으로 작성한다.
- 적절한 표현 방법을 2가지 이상 사용하여 글을 쓴다.</td>
</tr>
<tr>
<td>▶ 모둠원과 글을 바꿔보고 표현 방법이 사용된 부분을 서로 찾아본다.
- 글의 내용이 상황에 적절한 위로와 격려를 담고 있는지 살펴보게 한다.
- 옆 친구가 쓴 글에서 표현 방법이 사용된 부분을 찾아 밑줄을 그어보게 한다.
- 내용에 어울리는 표현 방법인지 서로 의견을 나누게 한다.</td>
<td>▷ 작성한 글을 모둠에서 오른쪽에 위치한 친구와 바꿔 본다.
- 상황에 적절한 내용을 효과적인 표현 방법을 사용하여 표현하고 있는지 살펴본다.
- 표현 방법이 사용된 부분에 밑줄을 그어보고 어색한 부분이 있는지, 잘 표현된 점은 무엇인지 서로 의견을 나눈다.</td>
</tr>
</table>

		▶ 작성한 글을 발표하게 한다. - 상황별로 고르게 발표할 수 있도록 한다. - 격려와 위로의 마음이 잘 드러나 있는지 살펴보며 듣게 한다. - 표현 방법을 적절히 사용하였는지 파악하며 듣도록 지도한다.	**▷ 손을 들어 발표한다.** - 작성한 글을 손을 들어 발표한다. - 표현 방법이 사용된 부분을 정리하여 말한다. - 친구들의 글에 어떤 내용이 담겨 있는지, 표현 방법은 어떤 것을 사용하고 있는지 파악하며 듣는다.	학습지 PPT
정리 (5분)	**본시 학습 정리**	**▶ 본시 학습 내용을 정리해 준다.** - 표현 방법 사용의 효과 - 표현 방법을 활용하여 격려나 위로의 글쓰기를 할 때, 유의할 점 - 상황에 적절한 격려나 위로의 내용 찾기, 적절한 표현 방법 사용 시 유의 점	**▷ 학습 목표를 생각하며 오늘 배운 내용을 정리해 본다.**	학습지
	확인 학습 실시	**▶ 확인 학습 문제를 제시한다.** - 확인 학습 문제를 풀게 한 후 학습 목표 도달 정도를 확인한다.	**▷ 확인 학습 문제를 푼다.** - 확인 학습 문제를 풀고, 정답은 손을 들어 표시한다.	
	차시 학습 예고 및 과제 제시	**▶ 차시 학습을 예고하고 과제를 제시한다.** - 다음 시간에 생활국어 92쪽을 학습할 것을 안내한다. - 격려나 위로의 내용이 담긴 노랫말을 찾아 공책에 써오도록 과제로 제시한다.	**▷ 다음 시간에 배울 내용과 과제를 주의 깊게 듣는다.** - 다음 시간에 배울 내용을 예상하며, 과제 내용을 필기한다.	PPT
	수업 종료	**▶ 상호 인사하며 수업을 마친다.**	**▷ 바른 자세로 인사한다.**	

※ 학습지 및 확인학습 내용 생략 (수정 전 자료 참고)

2. 예비교사의 수업컨설팅 사례

본교에서는 예비교사를 대상으로 국어, 수학, 영어, 사회, 과학 교과를 중심으로 5월에서 6월까지 수업컨설팅을 실시하였다.

각 교과별로 교육실습을 하기위해 본교에 온 교육실습생 중 희망하는 예비교사가 의뢰인이 되고, 본교 현직교사 중 교육경력이 많거나 장학위원으로 활동한 경험이 있는 교사가 컨설턴트로 활동하였다. 이 장에서는 대표로 사회과 예비교사의 수업컨설팅에 대해 소개하고자 한다.

[사회과 예비교사 수업컨설팅 사례]

의뢰인은 전남대학교 사범대학 지리교육과에 재학 중인 ○○○ 교생선생님으로서 교육실습 기간 동안 경력 14년의 현직교사인 ○○○선생님에게 교수·학습 과정안 작성 및 교수법에 대하여 수업컨설팅을 의뢰하였다. 컨설턴트는 의뢰인의 문제를 파악하고 컨설팅 내용을 확인하여 컨설팅의 수행 여부를 판단하였다. 컨설팅을 수용하는 단계에서는 의뢰인 상호간의 신뢰 형성이 중요하며 의뢰인의 문제와 컨설팅을 수행하는 목적에 대한 기초적인 탐색 및 수업컨설팅의 일정, 방법, 내용 등 전반적인 진행 과정에 대한 협의가 중요하다. 이때 컨설턴트 관리교사가 수업 컨설팅에 대한 전반적인 계획과 내용을 안내하는 관리자 역할을 수행하였다.

◈ 계획 단계(Planning Stage)

교육실습을 하기위해 본교에 온 예비교사들을 대상으로 수업컨설팅에 대한 안내가 수업컨설팅 관리자에 의해 이루어졌고, 교과협의회를 통해 컨설팅을 희망하는 예비교사와 컨설턴트를 신청 받았다. 사회과에서는 교육실습생 중 전대사대 지리교육과 ○○○교생선생님이 교수·학습 과정안 작성 방법 및 수업기술에 대하여 수업컨설팅 관리자에게 컨설팅을 의뢰하였고, 수업컨설팅 경험이 있고 교육 경력이 많은 ○○○선생님이 컨설턴트를 신청하였다. 수업컨설팅 관리자에 의해 회의실에서 의뢰인과 컨설턴트가 처음 만나 컨설팅의 수행 여부를 판단하고 〈표 4-19〉와 같이 컨설팅 협약을 체결하였다.

<표 4-19> 수업컨설팅 협약서

수업컨설팅 협약서

〈의뢰인〉

성　명	○ ○ ○	교육 경력	교육실습생
소　속	전대사대지리교육과	전　공	지리
의뢰 영역	지리과 교실수업 개선		
의뢰 사유	수업기술 및 지도안 작성 방법		
의뢰 사항	효율적인 수업 운영		

본 의뢰인은 위와 같은 수업컨설팅을 받고자 하며, 아울러 이러한 과제를 해결하는데 있어 적극적으로 노력할 것을 약속합니다.

2011년 6월 2일

의뢰인 : ○ ○ ○ (인)

〈컨설턴트〉

성 명	○ ○ ○	교육 경력	14년
소속 기관	전남대학교사범대학 부설중학교	전 공	일반사회
컨설팅 경력	2011년 동부교육청 사회과 수업 장학위원		

본 컨설턴트는 위와 같은 의뢰인의 컨설팅 과제를 해결하는데 있어서 적극적으로 지원할 것을 약속합니다.

2011년 6월 2일

컨설턴트 : ○ ○ ○ (인)

◈ 자료수집 단계(Data Collection Stage)

교수 · 학습과 관련된 자료를 수집하는 단계로서, 수업에서 나타날 문제점을 사전에 발견하기 위해 〈표 4-20〉과 같이 예비교사가 스스로 교수 · 학습 과정안을 작성하고 학습 자료를 준비하였다. 특히 예비교사는 예비 수업을 녹화함으로써 수업에서 중요한 요소로 작용하는 얼굴 표정, 발음의 명확성, 목소리 크기, 속도, 억양, 판서 내용 등을 점검하고 여기서 나타난 문제점을 진단 단계에서 컨설턴트와의 컨설팅을 통해 수정 보완하였다.

<표 4-20> 교수・학습 과정안(수정 전)

교 과	사회	학년 반	3학년 4반		
		장소	3-4 교실	지도 교생	○ ○ ○
단원명	Ⅴ. 자원 개발과 공업 발달 1. 자원의 분포와 이동 (2) 자원의 분포와 이동상황			차시	3/13
학 습 목 표	1. 주요 자원의 분포와 이동에 대해 설명할 수 있다. 2. 자원의 편재성으로 인하여 나타나는 현상을 설명할 수 있다.				
학 습 자 료	교과서, PPT, 동영상자료, 학습지, 사회과부도, 지시봉				

지 도 단 계 (시간)	학습 내용	교수 · 학습 활동		자료 및 지도상 유의점
		교사 활동	학생 활동	
도입 (5분)	학습 분위기 조성	▶ 상호 인사 후 출석을 확인한다.	▷ 상호 인사 후 수업 준비를 한다.	교과서, 공책
	전시학습 확인	▶ 문제를 통해 전시학습을 확인한다. - 자원의 범위, 특징	화면을 보고 정답을 큰소리로 대답한다.	PPT
	동기유발	▶ 원산지가 다양한 자원들의 사진을 보여주고 공통점을 질문한다.	▷ 동영상을 보며 오늘 배울 내용을 예상해 본다.	
	학습목표 제시	학습목표를 제시하고 따라 읽게 한다. 중요 내용에 체크하도록 한다.	학습목표를 따라 읽는다.	
전개 (35분)	쌀과 밀의 분포와 이동	▶ 학습목표 1을 다시 인지시킨다. ▶ 탐구활동 제시 · 학습지를 배분한다. · 모둠별로 학습지를 풀게 한다. - 과자 봉지의 쌀과 밀의 원산지를 백지도에 표시하기	탐구활동 문제를 풀고 발표한다.	학습지 백지도 PPT 스티커

		- 원산지의 기후 특성에 대해 생각해보기 - 이동방향 화살표로 나타내보기		
전개 (35분)		▶ 탐구활동 확인 · 가장 잘된 모둠을 발표시킨다.	▷ 교사의 질문에 자유롭게 대답한다.	각조의 발표 내용을 적절하게 피드백 해준다.
		▶ 쌀과 밀이 생산되지 않는 국가에서 왜 소비하지 않는지에 관해 발문한다.	▷ 교과서를 보고 학습지의 쌀과 밀의 주요 수출국과 수입국을 채워 넣는다.	
		▶ 쌀과 밀의 이동을 지도로 보여준다.	▷ 교사의 설명을 주의 깊게 듣는다.	
		▶ 쌀과 밀의 이동상의 특징을 설명한다. · 쌀 : 생산지와 소비지가 거의 일치, 국제 이동량 적음 · 밀 : 국제 이동량 많음, 신대륙→구대륙, 남반구→북반구		
		▶ 판서를 통해 학습내용을 정리한다.	▷ 교사와 함께 판서내용을 채우고 판서내용을 필기한다.	
	자원의 편재성	▶ 제시된 동영상과 사진을 보고 우리나라와 인도네시아의 석유가격을 비교하고, 가격이 차이가 나는 이유에 대해 발문한다.	▷ 제시된 동영상을 보고 학습내용에 관심을 갖는다.	동영상과 배울 내용을 적절하게 연결한다.
		▶ 주요 산유국들을 제시하고 백지도에 표시하도록 해본다.	▷ 백지도에 주요 산유국을 표시한다.	
		▶ 석유의 분포와 이동에 관한	▷ 교사의 설명을 주의 깊게 듣	PPT

		지도를 제시한다. ▶ 석탄의 분포와 이동에 관한 지도를 제시한다. · 석탄은 석유에 비해 세계 각지에 고르게 분포하고 매장량도 풍부함을 설명한다. ▶ 판서로 학습내용을 정리한다.	는다. ▷ 교사의 설명을 주의 깊게 듣는다. ▷ 교사와 함께 판서내용을 채우고 판서내용을 필기한다.	교과서
정리 (5분)	확인학습	▶ 확인학습 문제를 제시한다. · 손가락으로 정답을 제시하게 한다. ▶ 성취도에 따라 보충학습과 심화학습 과제를 제시한다. · 정답개수 0~1: 보충학습 - 교과서 126쪽 공부한 내용 확인하기 3,4번 풀어오기 · 정답개수 2 : 심화학습 - 왜 석탄이 세계각지에 고르게 분포함에도 불구하고 이동이 일어나는지 서술해보자.	▷ 확인학습 문제를 해결하고 손가락으로 정답을 제시한다. ▷ 정답을 확인한다. ▷ 자신의 정답개수에 따른 과제를 확인한다.	PPT 학습지
	차시예고 및 정리	▶ 다음 차시를 예고한다. ▶ 상호 인사하며 수업을 마무리한다.	▷ 밝게 인사한다.	

◈ 진단 단계(Diagnosis Stage)

1) 예비 진단 수업을 통한 자기 수업 점검표 작성

자료수집 단계에서 작성한 교수 · 학습 과정안을 토대로 예비 진단 수업을 녹화한 후, 예비교사가 스스로 수업 방법 및 내용 등을 검토하여 〈표 4-21〉과 같이 자기 수업 점검표를 작성하였다.

특히 수업을 처음 하는 예비교사는 어떻게 도입을 이끌어 내고 어떤 방식으로 수업을 진행할 것인가 등에 대해 창의적이고 실질적인 방안을 설정하여 수업을 실시한 이후, 자신의 수업을 수업설계, 동기유발, 수업운영, 자료 및 학습매체, 학습태도, 교수 · 학습 활동 및 평가, 학습태도, 학습정리, 평가활동, 본 수업에서 좋았던 점, 본 수업에서 개선해야 할 점 등으로 나누어 세밀하게 분석, 평가하였다. 자기 수업 점검표 작성에 있어 유의점을 살펴보면 다음과 같다.

① 수업설계에 있어서 가장 중요한 기초공사는 학습목표의 설정이다. 학습목표는 인지적 요소와 정의적 요소 모두를 다룬다. 일반적으로, 인지적 목표를 먼저 달성한 후, 이를 바탕으로 정의적 목표를 달성하는 방향으로 수업을 전개한다.

② 수업을 전개함에 있어서, 생활 속에서 적용할 수 있는 사례를 들거나 사회에서 발생하는 뉴스를 제시하면 학생의 수업 홍미도를 높일 수 있다. 다만, 많은 분량의 기사 내용이나 학습지 위주의 학습자료 사용은 학습의 홍미도를 오히려 떨어뜨릴 수 있다.

<표 4-21> 자기수업점검표(예비 진단 수업)

일시	2011년 6월 17일 2교시	교 과	사회	차 시	3 / 13
수업자	○ ○ ○		컨설턴트		○ ○ ○
단원	1. 자원의 분포와 이동 (2) 자원의 분포와 이동상황				
학습 목표	1. 주요 자원의 분포와 이동에 대해 설명할 수 있다. 2. 자원의 편재성으로 인하여 나타나는 현상을 설명할 수 있다.				

평가 영역	평가 요소	평 가 내 용
수업 계획	수업 설계	수업 시간이 남았고, 차시예고 부분을 빠뜨림. 학생들에게 발문을 많이 하지 않았고 선생님이 설명하는 부분이 너무 많음.
교수·학습 활동	동기 유발	우리나라에서 생산되지 않는 커피가 다른 나라에서 이동하는 CF 광고를 통해 자원의 이동에 대한 학습 홍미도를 높였으나 학습목표 2인 자원의 편재성과는 연관성이 없음.
	수업 운영	경어사용에 다소 주의해야 하고, 말의 속도가 조금 빨랐음 목소리 톤을 좀 더 낮춰야하고, 수업집행이 급했음.
	자료 및 학습매체	학습지의 내용을 학생들이 어려워하였고 PPT의 사진들은 관심을 끌기 충분함.
	학습 태도	전반적으로 대답을 잘해주었고, 반응도 좋았으나 판서를 할 때 다소 소란스러워짐.
	학습 정리	학습정리와 확인학습의 순서가 뒤바뀜.
평가	평가 활동	학생들이 확인학습 2번을 어려워하였고 좀 더 자세한 설명이 필요함.
본 수업에서 좋았던 점		첫 수업이었음에도 불구하고 아이들과 상호작용이 좋았고, 아이들도 많이 도와주었음.
본 수업에서 개선해야 할 점		수업의 진행이 매우 급했고, 학생들에게 수업시간을 맞추기 위해 '빨리 해라'는 등의 말을 사용하였는데 자제 해야겠음.

③ 교수 · 학습활동에 있어서 흥미있는 동기유발, 적절한 학습자료 제시, 학생의 발표와 교사의 피드백 등 수업이 매끄럽게 진행되고 교사와 학생의 상호작용이 활발하고 부드럽게 진행되는지를 주목하여 관찰한다. 특히, 학생들에게는 수업내용이 처음이자 마지막이 될 수 있기 때문에 예비교사는 개념을 정확하고 이해하기 쉽게 설명하고 객관적인 관점으로 사회문제와 현상을 설명하고 있는지 살펴보아야 한다.

④ 학습자의 태도를 파악할 때, 수업에 참여하는 것 이외의 다른 행동을 하는 학생들에 대해 수업에 방해를 주지 않는 한 특별한 조치를 취하지 않으나, 단순히 자율에 맡기기보다는 학생의 참여를 유도하기 위해 교사가 어떻게 적극적인 조치를 할 것인지를 세밀하게 준비해야 한다.

⑤ 예비교사는 PPT, 동영상 자료를 사용하는 매체 사용 능력이 뛰어나다. 그러나 매체의 과다 사용이 오히려 수업의 흐름을 종종 방해한다. 매체는 수업을 도와주는 도구라는 점을 인식하고 사용하는 매체가 객관적인 내용이고 분량이 적절한지 점검해야 한다.

2) 수업 공개 전 협의회 실시

자료수집 단계의 〈표 4-20〉 교수 · 학습 과정안과 진단 단계에서 예비교사가 작성한 〈표 4-21〉 자기수업점검표를 토대로 예비교사와 컨설턴트가 상호 협의하여 〈표 4-22〉와 같이 수업컨설팅 일지(1회)와 〈표 4-23〉과 같이 교수 · 학습 과정안(수정 후)을 작성하였다. 협의회에서 주로 점검되어야 할 사항을 살펴보면 다음과 같다.

① 학습목표의 수정 및 재설정을 협의한다. 학습목표는 교과 지식을 배우는 인지적 영역과 지식을 토대로 대안을 모색하고 바람직한 태도를 정립하는 정의적 영역으로 설정하는 것이 일반적이지만, 교육과정 상에서 다루고 있는 내용을 다루면서도 그것을 통해 교사가 새로운 메시지를 전하고 싶다면, 학습목표를 재설정하는 방법을 취할 수 있다.

② 예비교사들이 가장 저지르기 쉬운 실수 중 하나는 동기유발과 학습목표 제시를 유기적으로 연결하지 못하는 점이다. 동기 유발은 학습목표와 상관없이 단순한 흥미나 호기심을 위해 존재하는 것이 아니라, 학습목표 도달을 위한 하위 요소이다. 따라서 동기유발은 학습목표와 관련된 지적, 정서적 자극을 견인한다는 점에 유의해야 한다.

동기유발은 전체 수업의 맥락에서 본시 목표 및 그 이후 단계에 자연스럽게 연결되어야 한다. 학생들은 동기 유발을 통해서 본시 학습내용을 대략적으로 유추하게 하고 이를 통해 학생들이 스스로 학습목표를 도출한다면 학생들은 수업의 피동적 객체가 아니라 능동적 주체가 될 것이다.

③ 학생 활동이 구조화되어 있는지 점검한다. 모든 학생들이 활동에 참여하고 발표할 수 있도록 학생 활동이 흥미롭고 구조화되어 있는지 점검한다. 학생 활동은 단순히 학생들이 노는 것이 아니라 활동을 통해서 학생들이 지식을 만들어가는 중요한 과정이므로 실제 사회와 관련되고 사회에 적용할 수 있는 내용이어야 한다. 그리고 교사는 학생활동에 대한 발표에 대해 유기적으로 상호작용해야 한다.

<표 4-22> 수업컨설팅 일지(1회)

<table>
<tr><td>교 과</td><td>사회</td><td>일 시</td><td>2011년 6월 11일 4교시</td></tr>
<tr><td>수업자</td><td>○ ○ ○</td><td>컨설턴트</td><td>○ ○ ○</td></tr>
<tr><td>단 원</td><td colspan="3">1. 자원의 분포와 이동 (2) 자원의 분포와 이동상황</td></tr>
<tr><td>컨설팅의 주안점</td><td colspan="3">인지적 영역과 정의적인 가치관을 동시에 달성하고
학생이 주체가 되어 지식을 만들어가는 수업 연구</td></tr>
<tr><td>컨설팅 내용</td><td colspan="3">수업자 : 지도안을 작성해본 결과, 인지적인 영역에만 수업의 초점을 맞추다보니 학습의 흥미도가 많이 떨어진 것 같습니다.
컨설턴트 : 학습 흥미도 뿐만 아니라, 과제 분석의 최종 목표인 환경 친화적 의사결정을 할 수 있다는 취지도 살리지 못한 것 같습니다.
수업자 : 특히, 이 단원은 자원의 편재성, 식량자원의 분포와 이동, 동력자원의 분포와 이동 등 인지적인 내용만 교과서에 편성되어 있는데 어떻게 재구성해야 할지 난감합니다.
컨설턴트 : 식량자원과 편재성, 동력자원과 편재성으로 2차시로 나누어 전개하면 좋겠습니다. 주요 식량자원인 쌀과 밀의 분포와 이동현황 알아보기를 인지적 영역으로, 식량자원의 문제점과 대책 알아보기를 정의적 영역으로 구분하며 어떨까요?
수업자 : 그렇다면, 쌀과 밀의 분포와 이동현황을 학생들이 흥미롭게 접근하는 방법에는 어떤 것이 있을까요?
컨설턴트 : 사회수업의 대상은 우리가 살고 있는 사회입니다. 예를 들면, 우리가 먹는 과자봉지의 뒷면에 보면 원산지가 있는데 이것을 조사하고 각각의 원산지를 백지도에 표시해보고 빨간색과 파란색 스티커로 분류하여 백지도 붙이고 학생들이 발표하는 방식이 좋을 것 같습니다.
수업자 : 네, 감사합니다. 이를 바탕으로 수업을 잘 진행하겠습니다.</td></tr>
</table>

<표 4-23> 교수 · 학습 과정안(수정 후)

교 과	사회	학년 반	3학년 4반		
		장소	3-4 교실	지도 교생	○○○
단원명	Ⅴ. 자원 개발과 공업 발달 1. 자원의 분포와 이동 (2) 자원의 분포와 이동상황			차시	3/13
학 습 목 표	1. 주요 식량자원의 분포, 이동을 설명할 수 있다. 2. 식량자원의 문제점과 대책을 말할 수 있다.				
학 습 자 료	교과서, PPT, 동영상자료, 학습지, 사회과부도, 지시봉				

지 도 단 계 (시간)	학습 내용	교수 · 학습 활동		자료 및 지도상 유의점
		교사 활동	학생 활동	
도입 (5분)	학습분위기 조성	상호 인사 후 출석을 확인한다.	상호 인사 후 수업준비를 한다.	출석부
	전시학습 확인	▶ 문제를 통해 전시학습을 확인한다. - 자원의 편재성	화면을 보고 정답을 큰소리로 대답한다.	PPT
	동기유발	동영상을 보여주고 학습내용에 대해 흥미를 유발한다.	동영상을 보며 오늘 배울 내용을 예상해 본다.	동영상 자료
	학습목표 제시	동기유발과 관련하여 학습목표를 도출해 낼 수 있도록 한다. 학습목표를 제시하고 따라 읽게 한다. 핵심 단어에 체크하고 공책에 적게 한다. 1. 주요 식량자원의 분포, 이동을 설명할 수 있다. 2. 식량자원의 문제점과 대책을 말할 수 있다.	동기유발 자료와 연관하여 자신이 생각하는 학습목표를 발표한다. 학습목표를 읽고 중요한 단어가 무엇인지 생각하여 발표한다.	학생들이 학습목표를 충분히 인지하도록 한다.
전개 (35분)	**학습목표 1**	▶ **모둠활동 1** - 모둠별로 학습지를 풀게 한다. - 과자 봉지를 보고 쌀과 밀의	모둠별 탐구활동을 통해 학습지 과제를 해결한다.	PPT 과자봉지 학습지 학습자료

전개 (35분)		원산지를 백지도에 표시하기 - 원산지의 기후특성에 대해 생각해보기	앞으로 나와서 토의 결과를 발표한다.	백지도 스티커
		▶ **모둠활동 확인** 모둠을 지정해서 발표하게 한다.	▷ 지도를 보며 쌀과 밀의 분포 지역에 대해 인지하고, 쌀과 밀의 재배조건을 이해한다.	
	주요 식량자원의 분포와 이동	▶ **쌀과 밀의 분포** 쌀과 밀의 분포지도를 제시하고 쌀은 고온다습한 기후의 아시아 계절풍지역, 밀은 냉량건조한 기후에서 잘 자라며 열대를 제외한 넓은 지역에서 재배됨을 설명한다. - 쌀은 주로 어디에 분포하나요? 아시아의 기후는 어떤가요? 밀은 어디에서 생산되나요? 밀이 생산되지 않는 지역은 어디인가요?		
	주요 식량자원의 분포와 이동	▶ **쌀과 밀의 이동** 쌀은 생산지와 소비지가 거의 일치하기 때문에 국제적인 이동이 적은 반면, 밀은 국제적인 이동이 활발함을 설명한다. 또한 밀은 신대륙→구대륙, 남반구→북반구로 이동함을 설명한다. - 우리가 먹는 과자에 밀(쌀)의 원산지는 어디였죠? - 밀은 왜 우리나라로 오게 되었을까요?	▷ 교사의 발문에 대답하고 설명에 집중하며 쌀과 밀의 이동을 이해한다. - 미국(호주, 중국)이요. - 싸니까요. - 우리가 먹기 위해서요.	학습지 백지도 PPT 스티커
		▶ **학습내용을 PPT와 판서를 통해 정리한다.**	▷ 학습지를 풀며 학습내용을 정리한다.	학습지

	학습목표 2	▶ **모둠활동 2** - 학생들이 실생활에서 식량자원과 연관하여 느낀 문제에는 어떤 것들이 있었는지 발문한다. - PPT에 사진을 제시하고 사진들이 의미하는 내용에 대해 생각해보게 한다.	▷ 교사의 발문에 대답한다.	
	식량자원의 문제점	읽기 자료를 제시하고 사진과 관련하여 식량자원의 문제점을 토의하게 한다.	▷ 사진자료와 읽기자료를 참고하여 식량자원의 문제점에 대해 모둠별로 토의한다.	학습지 사진자료 PPT 읽기자료
		▶ **모둠활동 확인** 모둠을 지정해서 발표하게 한다.	▷ 자신의 모둠이 토의한 내용을 발표한다. - 기후변화로 인해 농산물 생산량이 감소했어요. - 식량자원이 많은 국가들이 식량자원이 없는 국가들을 협박해요.	
전개 (35분)	식량자원의 문제점과 대책	▶ **식량자원의 문제점** 기후변화로 인해 곡물생산량이 감소하고, 특정 국가들이 식량을 무기화하는 자원민족주의가 발생하는 등의 식량 문제에 관하여 설명한다. ▶ **모둠활동 3** 식량자원 문제에 대한 대책으로 우리가 실생활에서 실천해야 할 내용과 우리나라의 대응 방안에 대해서 모둠별로 자유롭게 토의하게 한다. - 식량 문제를 해결하기 위한	▷ 교사의 설명을 경청하며 학습지에 정리한다. ▷ 실생활에서 실천해야 할 내용과 우리나라의 대응 방안에 대해 토의하고 발표한다. - 불필요한 소비를 줄여요.	학습지 사진자료 PPT 읽기자료

		대책에는 어떤 것들이 있을까요? ▶ 모둠활동 확인 모둠을 지정해서 발표하게 한다. ▶ **식량자원 문제에 대한 대책** 학생들의 의견을 종합하여 기후변화를 막기 위해 환경을 보호하고, 자원을 아껴 써야 하고, 식량자원의 무기화에 대처하기위해 농업 경쟁력을 높여야 함을 설명한다.	- 비싸더라도 우리밀 과자를 먹어요. - 육식보다는 채식을 해요. - 자원을 아껴 써야 해요. - 나무를 심어야 해요. - 우리나라 농업을 살려야 해요. ▷ 자신의 모둠에서 토의한 내용을 발표한다. ▷ 교사의 설명을 이해하며 경청한다.	
정리 (5분)	**본시 학습정리** **확인학습** **다음차시 예고**	▶ 복습카드를 활용해 오늘 배운 내용을 정리한다. ▶ 확인학습 두 문제를 통해 오늘 배운 내용을 확인한다. ▶ 확인학습을 한 문제라도 틀린 학생에게는 보충학습, 두 문제 다 틀린 학생은 심화학습지를 풀어오게 한다. ▶ 주요 동력자원의 분포와 이동 ▶ 상호 인사하며 수업을 마무리한다.	▷ 배운 내용을 상기하며 복습카드를 작성한다. ▷ 밝게 인사한다.	복습카드 학습지 PPT

◈ 반성적 실행 단계(Reflection Implementation Stage)

1) 교수 · 학습활동 분석표 작성

실제 수업을 참관하면서 컨설턴트는 〈표 4-24〉와 같이 교수 · 학습활동 분석표를 작성하였다. 이때 수업의 관찰과 기록은 진단 단계의 협의회에서 예비교사와 협의한 내용에 초점을 두고 관찰하였다. 컨설턴트는 다음 사항에 주안점을 두면서 교수 · 학습활동 분석표를 작성하였다.

① 개념과 내용을 단선적으로만 설명하고 있는지 점검해야 한다. 예비 교사는 모든 지식을 다 설명하고 싶은 의욕이 앞서 매우 빠르게 나 홀로 수업을 진행하지만, 이 과정에서 이해력이 다소 부족한 학생들은 수업을 잘 따라가지 못한다. 교사가 습관적으로 학생들에게 '잘 알겠죠?' '이해되죠?' 등과 같은 질문을 하는 것은 독단적인 수업 진행을 위한 도구적 발언에 불과하다. 특히, 지식의 양적 학습에 치중하여 개념을 단선적으로 전달하고 주입식으로 투입하게 되면 학생들은 학습에 대한 흥미를 잃을 뿐만 아니라 지속적인 지식의 파지가 어렵게 된다.

② 교사와 학생의 상호작용이 잘 이루어지고 있는지 관찰한다. 예비교사는 교수 · 학습 과정안 또는 자신이 준비한 계획안에 사로잡혀 수업에서 일어나는 돌발적인 상황이나 예상치 못한 대답과 발표에 순간 당황하여 종종 학생과의 유기적 상호작용을 하지 못하게 된다.

수업에서 교사가 설정한 학습목표를 주어진 시간 안에 달성하는 것도 중요하지만 그에 못지않게 학생들이 품고 있는 궁금증을 풀어주고 학생들의 창의력을 인정해주는 것도 또한 중요하다. 따라서 수업시간이 조금 길어져도, 계획된 대답과 조금 엉뚱한 대답이 나와도 받아주고 같이 고민하는 모습이 진정한 수업일 것이다. 교사와 학생이 서로 호흡하는 과정을 통해 수업은 교사, 학생 그 이상의 시너지 효과를 창출한다.

<표 4-24> 교수 · 학습활동 분석표

일시	2011년 6월 17일 2교시	대상	3학년 4반	장소	도서실
교과	사회	수업자	○ ○ ○	컨설턴트	○ ○ ○
단원	1-2. 자원의 분포와 이동상황				

영역		관 찰 요 소	의 견	
			우수한 점	개선할 점
수업 설계		사전 교재연구를 철저히 하였는가?	· 사회과 교과 특성에 맞게 학습목표를 제시하여 현실사회와 괴리되지 않은 수업을 하였다.	· 목소리가 좀더 컸으면 한다.
		교수 · 학습 목표가 행동변화를 가져오도록 진술되었는가?		
		교수 · 학습 계획이 학습 유형에 알맞게 짜여졌는가?		
교수 · 학습활동	도입 단계	전시학습을 적절히 상기시켰는가?	① 학생의 흥미를 끌만한 자료가 잘 제시되었고 수업이 즐겁게 진행되었다. ② 모둠활동 구성이 잘 이루어졌고 활동시 적	① 발표시 화이트보드내용이 잘 보이지 않았다. ② 모든 것을 교사가 다 설명하는 의욕이 과해서
		동기유발에는 어떤 아이디어가 사용되었는가?		
	학습 목표 제시	학습목표를 어떤 방법으로 제시하였는가?		
		구체적이고 행동적인 용어로 진술되었는가?		

	동기유발과 관련지어 학습목표를 제시하였는가?	절한 순회를 통해 피드백이 주어졌다.	학생들에게 발문이 적었으며, 자연히 교사와 학생간의 상호 작용이 다소 부족했다.
학습 활동	학습은 학생이 주체가 되어 진행되고 있는가?		
	학습 활동에 학생의 참여도가 높도록 어떤 방법으로 유도하고 있는가?	③ 판서가 구조적으로 잘 구성되었다.	③ 교사의 수업 위치가 앞에만 있는 것보다는 가끔씩 뒤로 이동하면서 뒤에 있는 학생들의 수업 참여도를 높였으면 한다.
	발표 및 활동 기회를 다수에게 제공하고, 수업 난이도와 속도를 어떻게 조절하는가?		
교사 태도	수업 중 적절한 제스처(손 동작, 몸짓)를 사용하는가?		
	교사의 시선 처리는 어떻게 이루어지는가?	④ 식량자원의 분포와 이동, 그와 연관된 문제점과 대책이 잘 구조화된 수업이었다.	④ 교사의 개념 설명이 단선적이었고 학생들에게 다소 어려웠던 것 같다.
	어떤 주의 집중 방법이 활용되었는가?		
발문	창의성을 유도하며 확산적인 발문을 사용하는가?	⑤ 실생활과 관련되어 학습내용을 전달한 점이 좋았다.	⑤ 몸짓, 멈춤, 상호작용, 움직임과 같은 다양한 자극을 제시했다면 학생들이 수업에 좀 더 집중했을 것 같다.
	학습의 강조점에 따라 음성 고저를 잘 조절하는가?		
	생각하여 답변할 시간을 주며, 어려운 질문은 격려 · 보조하는가?		
교수 학습 자료	학습 자료는 학생의 수준에 알맞은가?		
	학습 내용에 어떻게 관련되어 활용되는가?		
	자료를 효과적으로 활용하는가?		
판서	계획성(내용과 시기)있고 구조적으로 이뤄졌는가?		
	내용을 명확히 요약하여 판서하는가?		

	평가	학습내용의 요약, 정리가 어떻게 이루어지는가?	·복습 카드를 활용함으로써 학습 내용을 정리할 수 있었다.	·확인학습 결과에 따른 보충, 심화학습 과제가 누락되었다.
		확인학습의 방법이 어떻게 이루어지는가?		
	차시 예고	학생들에게 질의 시간을 주었는가?		
		차시학습 예고가 이루어졌는가?		
환경 조성		학생과 교사 간에 상호존중의 수업분위기가 조성되었는가?	·학생과 교사 간의 상호 존중하는 수업분위기가 조성됨.	

2) 자기수업점검표 작성

수업 공개 후 예비교사는 자기 수업을 스스로 평가하고 〈표 4-25〉와 같이 자기수업점검표를 작성하였다.

<표 4-25> 자기수업점검표

일시	2011년 6월 17일 2교시	교 과	사회	차 시	3/13
수업자	○ ○ ○	대 상	3학년 4반	컨설턴트	○ ○ ○
단원	1-2. 자원의 분포와 이동상황				
본시 목표	1. 주요 식량자원의 분포, 이동을 설명할 수 있다. 2. 식량자원의 문제점과 대책을 말할 수 있다.				
평가 영역	**평가 요소**	**평 가 내 용**			
수업 계획	수업 설계	• 인지적인 측면과 정의적인 측면을 모두 다룸. 생활 속에서 학습내용을 체득할 수 있게 함.			
	동기 유발	• 동영상과 학습목표2를 연계하여 동기유발을 하고, 학생들에게 직접 학습목표를 세워보게 함.			

교수·학습활동	수업 운영	• 학생들의 대답에 따른 상호작용은 많았으나, 학생들의 대답을 정리해 주거나 피드백해주는 부분은 부족.
	자료 및 학습매체	• 과자봉지를 통해 우리 주변의 식량이 다른 나라에서 생산되어 이동해온 것을 설명함.
	학습 태도	• 동영상과 과자봉지를 이용한 모둠활동은 적극적으로 하였으나, 학습 목표2에서는 수업이 지루해짐.
	학습 정리	• 정리부분의 PPT를 수정할 필요가 있음. 복습카드의 반응은 매우 좋았음.
평가	평가 활동	• 확인학습 설명이 너무 길어, 수업이 늘어짐.
본 수업에서 좋았던 점		• 전체적으로 어설픈 수업이긴 했지만, 수업의 진행순서와 학생들의 대답을 듣고 발문을 자연스럽게 연결함.
본 수업에서 개선해야 할 점		• 설명의 이음새가 매끄럽지 않았고 자원민족주의 설명 부분에서 중간 중간에 말이 빨라짐.

◈ 평가 단계(Evaluation Stage)

수업 참관 후, 수업 관찰 결과를 중심으로 협의회를 통해 예비교사와 컨설턴트가 수업개선을 위한 방안을 제시하고 〈표 4-26〉과 같이 수업컨설팅 일지를 작성하였다. 예비교사가 자신의 수업을 되돌아보고 자기평가를 하도록 하고, 수업 관찰 결과를 중심으로 컨설팅 전체 과정에 대한 평가와 소감을 예비교사와 컨설턴트가 상호 피드백한다. 그리고 예비교사의 수업 능력 향상을 위해 추가 방안을 제시할 수 있다.

구체적인 착안사항을 바탕으로 분석의 준거 내지는 평가척도를 마련하게 되는데 일반적으로 예비교사의 수업은 강화, 자극의 다양화, 고도의 발문, 확산적 발문 등과 같은 요소들이 주요 평가척도가 되겠다.

<표 4-26> 수업컨설팅 일지(2회)

교 과	사회	일 시	2011년 6월 17일 3교시
수업자	○ ○ ○	컨설턴트	○ ○ ○
단 원	1-2. 자원의 분포와 이동상황		
컨설팅의 주안점	교사 중심의 지식전달 위주의 단선적인 수업을 넘어서 교사와 학생이 함께 고민하고 상호작용하는 수업 연구		
컨설팅 내용	수업자 : 목소리가 작았고 저도 모르게 말이 빠르고 실수를 많이 한 것 같습니다. 단적으로 쌀의 재배조건을 설명할 때, 고온건조라고 하고 말았습니다. 컨설턴트 : 누구나 실수를 할 수 있기에 실제 수업에서는 실수를 빨리 잊어버리는 노력이 다음 수업의 안정과 자신감을 갖게 합니다. 수업자 : 밀 수확시기를 설명할 때도 제가 준비한 밀을 보여주지 못했습니다. 현장감을 살리고자 밀밭에 직접 가서 가져왔는데 수업에 쓰지 못해 아쉬움이 남습니다. 컨설턴트 : 편하게 생각하세요. 밀을 보여주었을 때 긍정적인 학습 효과도 있겠지만 혹시 부정적인 학습효과도 있을지 모르죠. 열심히 준비한 수업만큼 아쉬움과 여운이 남는 것은 당연하지 않을까요? 수업자 : 신대륙, 구대륙, 고온다습, 냉량건조, 자원민족주의 등의 개념을 너무 단선적으로 전달해서 학생의 독창적인 사고력과 창의력을 살리지 못했나하는 생각이 듭니다. 컨설턴트 : 이론적으로는 그럴 수 있는데, 다양한 요소와 내용들을 한			

	개념으로 응축하여 정리하는 것이 학문의 한 측면이 아닐까요? 그리고 교육과정에도 제시되어 있으니 교사로서 피할 수 없는 몫 아닐까요?
수업자 :	한 학생이 식량자원 문제의 해결책으로 수출을 줄이고 수입을 늘리자고 하는, 생각지도 못한 답안을 내서 순간 당황했었습니다.
컨설턴트 :	우리의 고정관념을 뒤엎은 아이디어인 것 같은데요. 아마도 그 학생은 앞으로 식량이 부족해지니 미리 국가에서 비축하자는 취지로 말한 것 같습니다. 간혹, 교사가 의도한 정답과 거리가 먼 대답이 나오면 순간 당황하는데요. 그럴 필요 없이 자연스럽게 받아들이고 함께 고민하면 자연스럽고 흥미 있는 수업이 될 것입니다.

3. 지원기관의 수업컨설팅 사례(경기도 교육청 PCK 수업컨설팅)

지원기관의 수업컨설팅 사례는 김도기(2001)가 제시한 경기도 교육청의 PCK 수업컨설팅을 중심으로 소개하고자 한다.

2007년 4월 시작된 경기도 교육청 PCK 수업컨설팅단은 경기도 교육청 사이버 장학과 장학 컨설팅단에서 그 유래를 찾을 수 있다. 수업컨설팅에 내용교수법으로 번역되는 PCK(Pedagogic Content Knowledge) 개념을 접목시켜 특화된 교육 컨설팅 서비스를 제공하고 있다. PCK 수업컨설팅 사업의 추진 배경은 ① 창의적 사고를 중시하는 시대적 요구에 부응하고, ② 공교육의 질 향상을 위한 교사의 전문성 향상에 필요하며, ③ 실제 수업에 적용할 수 있는 교과별 내용교수법 함양에 필요함, 그리고 ④ 수업장면에서 활용될 수 있는 효과적인 교수 방법에 대한 컨설팅 요구 등이다(경기도교육청, 2007).

가. 목적

PCK 수업컨설팅은 PCK 방법을 적용하여 교수-학습 과정에 직·간접적으로 관련된 문제(즉 수업 및 평가)를 대상으로 교사의 전문성 향상과 교수·학습 활동의 효과적 운영을 지원해 주는 활동으로 규정하고 있다.

교사의 전문성 신장과 질 높은 장학 서비스 제공이 PCK 수업컨설팅의 주요 목적이고, 세부적으로는 ① 우수 교수법 개발·발굴 및 활성화, ② 서로 돕고 배울 수 있는 교사문화 형성, ③ 교실 수업 개선을 통한 창의적 인재 양성, ④ 실제 수업과 연구를 연계한 실천적 수업 기술 능력 향상, ⑤ 장학의 전문적 지원 기능 강화로 학교의 교육 역량 확대이다.

나. 조직

수업컨설팅의 의뢰인은 경기도 소속 중등학교 교사이다. 신규교사 및 희망 교사, 그리고 동학년 교사나 교사 소모임, 전체학교 교사가 단체로 의뢰인이 되며 온라인과 오프라인을 통해 신청한다.

PCK 수업컨설팅단의 수업 컨설턴트는 공식적으로 수업컨설팅단 단원으로서 2007년 4월 국어, 영어, 수학, 사회, 과학의 5개 교과 중심으로 학교장 및 교감, 담당교사 등 모두 140여 명으로 구성되었다. 수업 컨설턴트의 자격 요건은 경기도내 현직 중등교사로서 자격요건은 각종 연구대회 입상자, 성취도평가 출제위원, 기타 희망 교사 중 중심학교 교장 또는 교육전문직 및 교과연구회장의 추천을 받은 교사를 대상으로 하고 있다. 초등의 경우는 아직까지는 공식적으로 수업컨설팅단으로 구성되지는 않으나 지역교육청에서 한시적으로 수업 컨설턴트를 담당한 지역인사와 교육전문직, 교장, 교감 또는 지역의 우수 교사를 대상으로 선정하여 활동하는 경우가 있다.

수업컨설팅 관리는 수업컨설팅단에서 맡게 되고 포털사이트에 개별 교과별로 만든 카페를 통하여 컨설팅을 신청 받고 지원단원 간의 정보를 교류하는 방식으로 운영된다. 총괄 관리는 경기도 교육청에서 담당한다. 교육청에서는 지원단별 협의 장소와 같은 물리적인 환경을 제공하고, 컨설턴드 대상 연수와 세미나 개최, 운영 결과 보고를 담당하고 있다.

다. 수업컨설팅 수행의 실제

경기도 교육청 PCK 수업컨설팅단의 수업컨설팅은 '찾아가는 수업 시연'과 '수업컨설팅'으로 구분된다. 먼저 수업컨설팅의 경우는 일반적인 수업컨설팅의 절차와 맥을 같이 한다. 수업컨설팅 절차는 준비 - 진단 - 대안 - 실행 - 평가 및 종료의 단계를 거친다. 경기도 교육청에서 수행하는 수업컨설팅은 아래 [그림 4-1]과 같은 절차와 방법을 통해서 이루어진다.

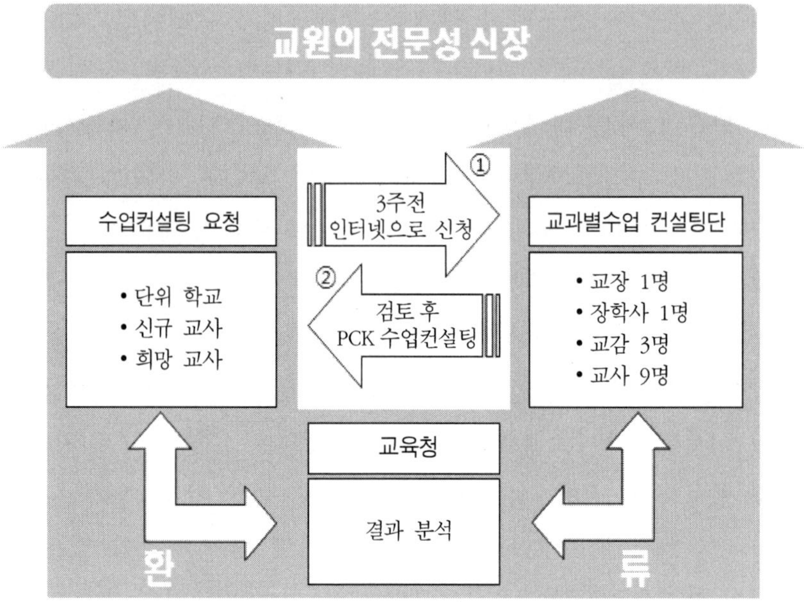

[그림 4-1] 경기도교육청 PCK 수업컨설팅 절차

자료 : 경기도교육청(2007). 내용교수법(PCK) 수업컨설팅단 운영 계획

수업컨설팅은 학교 상황에 따라 교사 및 학생을 대상으로 요청 교과의 수업을 시연하고, 수업 참관 후 수업 분석 체크리스트를 사용하여 교수·학습 방법을 분석하여 대안을 탐색하는 방식으로 진행된다. 컨설턴트는 수업과정의 전체를 VCR, VTR 등으로 녹화한 후 이를 분석하는 마이크로 티칭기법을 통해서 컨설팅을 진행한다. 수업멘토링의 경우, 원하는 교사나 학교가 신청 인원과 컨설팅 주제를 커뮤니티 게시판에 기재하면 담당 멘토 교사가 일정을 조정한 후 멘토링을 실시한다.

경기도 교육청의 PCK 수업컨설팅단의 수업컨설팅 사례를 살펴보면 수업컨설팅의 절차는 먼저 온라인을 통해 수업컨설팅을 신청하게 되고 수업컨설팅단에서 신청 받은 영역의 담당 컨설턴트를 선정하여 일정을 조정하여 해당 학교를 방문한다. 준비 단계의 계약서 작성이나 예비 진단, 전반적 계획 수립의 단계는 생략되는 경우가 많다.

'찾아가는 수업 시연'의 경우 수업 컨설턴트들이 먼저 신청 영역을 포함하는 공개 수업을 수행하는 것도 한 특징이다. 해당 교사의 컨설팅목적과 과제를 명확히 하는 진단에 앞서서 그에 대한 컨설턴트 교사의 대안이 먼저 제시되는 형식이다. 물론 모든 선택과 결정은 의뢰인이 하게 되지만 일반적인 수업컨설팅의 절차와는 다른 형태의 수업컨설팅이 이루어지고 있음을 알 수 있다. 수업 후 전체 협의회를 가지고, 이어서 신청 교사들의 수업을 관찰 분석하게 된다. 분석한 내용을 가지고 협의회가 열리고 컨설턴트 교사들은 수업 분석 내용을 바탕으로 해결책을 조언하게 된다. 해결방안 중에서 교사들이 자신들에게 적합한 해결 방안을 선택하고 수행하게 되는데 컨설턴트 교사들은 이에 대한 내용을 보고서로 작성하여 공유한다고 한다.

'수업컨설팅'의 경우는 의뢰인이 접수한 컨설팅 과제에 대한 전문적인 지식을 가진 컨설턴트의 강의 후 수업 관찰 및 분석이 이루어지는 경우와 교수학습 지도안을 컨설턴트와 의뢰인이 같이 검토하고 수정·보완하여 수업을 공개하고 수업 후 협의회를 통한 개선 방안을 제시하는 두 가지 경우로 크게 나누어 볼 수 있다. 종료시 수업컨설팅의 평가에서도 컨설팅의 성공여부는 준비 단계에서 작성한 계약서에 의거하여 판단할 수 있어야 하지만, 경기도 교육청 수업컨설팅단의 경우는 계약서보다는 미리 과목별로 작성되어 배포된 평가 약식에 따르거나 컨설턴트들의 보고서로 대체되고 있다.

Chapter V

수업컨설팅 활성화 과제

CHAPTER V

수업컨설팅 활성화 과제

1. 수업컨설팅 참여 후기

♣ 수업컨설팅에 대한 현직교사의 술회

교사의 수업 전문성 향상과 학교 교육에 대한 신뢰를 높이는 방안으로 수업 공개가 활성화되어야 한다는 논의가 교육 정책으로 제시되고, 학교 교육의 현장에 뿌리를 내려가고 있다. 교사의 자기 수업에 대한 반성과 더 나은 수업을 위한 수업 공개는 오랜 기간 동안 장학이나 수업 발표 등의 형태로 있어왔지만, 뜻을 가진 소수의 교사가 아니라 대다수의 교사들이 수업 공개를 하게 된 것은 '수업 공개 활성화 방안'이 추진되어 정책적으로 연 2회 이상 수업 공개를 하게 된 이후라고 생각한다.

모든 수업은 기본적으로 학생들에게 공개되는 것이므로 교사가 매 시간 자신의 수업에 대한 끊임없는 반성을 바탕으로 보다 나은 방향으로 수업을 개선해 나가기 위해 노력해야 한다는 사실에는 누구나 동의하겠지만, 늘 예민한 촉수를 들이대고 스스로 자신의 수업에 대한 평가자의 역할까지 한다는 것이 쉬운 일은 아니다. 학생 생활지도나, 학급 관리, 기타 업무 등과 겹치는 순간에는 더욱 그러하고, 이는 경력이 있는 교사라 할지라도 예외가 아닐 것이다. 아니 오히려 경력이 어느 정도 있는 교사일수록 수업에 어느 정도 패턴과 관록이 있다고 믿는 편이므로 객관적으로 자신의 수업을 반성하는 것에 무뎌져 있기 쉽다.

그러나 대상이 학부모이건 동료 교사이건, 장학 담당자이건 수업 공개를 한다고 하면 누구나 자신의 수업에 대해 보다 예리한 눈으로 문제점을 분석하고 보다 나은 수업이 되는 방안은 무엇인가에 대한 연구를 하게 된다. 특히 수업 전문가 층에 대한 수업 공개는 모든 교사에게 긴장감과 부담감을 주게 되며, 이는 어떠한 방식으로든 수업 개선의 효과를 가져온다고 생각한다.

이런 측면에서 살펴보았을 때, 수업컨설팅은 수업 개선을 최우선 목표로 삼는 수업 공개라 할 수 있다. 컨설팅의 의미가 문제가 발생한 부분에 대한 정확한 진단과 이를 통한 보다 나은 해결책을 모색하기 위한 활동임을 고려할 때, 수업에 대한 진단과 문제 해결을 위한 다양한 개선 방안의 적용을 위해서는 수업컨설팅이 주효하다고 할 수 있다. 수업 공개가 가져오는 수업 개선의 효과는 수업을 개선하고자 하는 목표의식이 있는 의뢰자와 그에 합당한 컨설턴트가 만났을 때 극대화될 수 있기 때문이다. 이는 여타 수업 공개가 가지는 형식적인 부담 요인, 혹은 보여주기 식의 겉치레가 제거될 수 있어서 더욱 그러하다.

이에 이 글에서는 수업컨설팅 과정에서 생각해 봄직한 여러 가지 문제들을 수업컨설팅을 의뢰하고 1개월 정도의 기간에 걸쳐 진행한 경험을 바탕으로 자유롭게 풀어 놓고자 한다. 수업컨설팅은 초임 교사와 경력 교사 구분 없이 자신의 수업에 대한 변화를 희망하는 모든 교사가 취할 수 있는 방법이지만, 구체적인 적용에는 약간의 차이가 있다고 생각하므로 특히 경력이 어느 정도 있는 교사의 입장에서 바라보고자 한다.

가. 내게 필요한 부분을 알게 하는 수업 참관이 필요하다.

수업을 마치고 나온 걸음이 한 없이 무거워지는 때가 있다. 평소와 마찬가지로 목표로 했던 내용을 모두 가르치고 나왔건만, 학생들의 반응이 기대했던 것과 다를 때 그러하다. 경력이 있는 교사라면 이 경우 무엇이 잘못되었는지 어느 정도 자가 진단이 가능하다고 생각한다. 수업 방법의 문제였든, 적용하는 수준의 문제였든 이 수업에서 무엇이 부족했는지 가늠할 수 있다고 생각한다. 이러한 진단이 더욱 적확해지려면 자신의 수업에 부족했던 부분을 잘 충족시키고 있는 다른 수업을 보는 것이라 생각한다. 차이점은 본래 다른 대상과의 비교를 통해 더욱 명확하게 드러나는 것이기 때문이다. 내가 생각하는 문제점을 해결하고 있는 수업을 통해 '저렇게 하니 내 수업에 부족한 부분이 채워지는구나!'라고 느끼게 되는 것이다. 그리고 생각하게 될 것이다. '저것을 배워야겠다!'

컨설팅을 의뢰하는 가장 효율적인 지점이 바로 이 대목이라고 생각한다. 나에게 부족한 부분을 발견하고 배워야겠다는 생각이 드는 바로 그 지점 말이다. 뻔한 결론이기는 하지만 그러기 위해서는 좋은 수업들을 많이 참관할 수 있는 시스템이 필요하다. 많은 학교에서 수업 발표대회나 요청 장학 수업을 공개하고, 연구학교 수업과 연구회 수업을 공개하고 있지만, 사실 많은 교사들이 원활하게 참관할 수 있는 여건은 아니라고 생각한다. 빡빡한 수업

일정과 학급 관리 등을 정리하고 수업 참관을 하러 다니기에는 무리수가 따르기 때문이다. 더구나 힘들게 참관한 수업이 자신이 원했던 부분을 채워주는 수업이 아닐 경우도 많다.

내가 부족하다고 느끼는 부분을 가장 정확하게 진단하게 해주는 동시에 컨설팅의 목표를 설정하게 해주는 효과적인 방법이 자신의 부족한 부분에 대한 좋은 해결책을 제시하는 다른 교사의 수업이라고 할 때, 컨설팅을 제공하는 컨설턴트가 이러한 수업의 모습을 보여주는 것이 가장 효율적일 것이다. 약간 이상적일 수 있지만, 수업 개선을 위한 컨설팅 팀을 구성할 때, 컨설턴트의 수업에서 장점을 세분화 · 특화하여 구성한다면 좋을 것 같다. 예를 들어 협동학습 수업을 잘하는 컨설턴트, 다양한 수업 자료 활용에 능한 컨설턴트 이런 식으로 말이다. 이렇게 구성된 컨설턴트 팀의 수업 자료가 온라인으로 공개되거나, 혹은 오프라인에서 정기적으로 공개되고, 이러한 수업 참관을 통해 내 수업을 진단하고 그를 바탕으로 컨설팅을 의뢰하게 된다면 만족도가 높으리라 생각된다.

실제로 현재 온라인에서 공개하고 있는 수업이 다수 있지만, 수업의 모습을 제대로 살펴볼 수 있도록 편집된 것은 교과별로 따지면 많지 않은 형편이며, 각 교육청별로 제시하고 있는 수업 동영상은 편집 과정을 거치지 않아 수업의 내용, 수업 상황, 수업 방법 등의 내용이 잘 전달되지 않은 것들이 대부분이다. 수업 동영상을 켜고 난 후 얼마 지나지 않아 보는 것을 포기할 정도의 것이 많았던 것으로 기억한다. 컨설팅을 목적으로 하는 수업 동영상은 이러한 점들을 감안하여 제작되고 게시되어야 효과를 발휘할 수 있을 것이다. 또한 오프라인에서 제공되는 우수 수업은 교과별 요소별로 연간 계획에 따라 제공될 수 있으면 좋겠다. 현재 요청 장학이나, 수업 발표대회는 수업 단원만 제시되어 있을 뿐, 수업의 어떤 요소가 특화된 것인지 알 수 없기 때문이다. 이렇게 된다면 컨설팅을 의뢰하는 사람은 자신이 원하는 요소를 갖춘 컨설턴트의 수업을 보고, 컨설팅을 의뢰하여 보다 만족스러운 결과를 얻을 수 있을 것이다.

나. 목표는 구체적으로!

앞에서 한 이야기와 연결되는 것으로 경력 교사의 컨설팅은 초임 교사의 그것과는 다르다고 생각한다. 대부분 그렇게 생각하겠지만, 교육 실습생 교육을 하게 된 이후에는 더욱 그러하다는 생각이 들었다. 초임 교사의 경우 교육 실습생과 마찬가지로 수업 전반에 대한 지식과 기술이 부족하므로 시작에서 끝을 아우르는 컨설팅이 필요할 것이다. 그러나 경력이 있는 교사의 경우 수업 전체에 대한 컨설팅이 효과적인가에 대해서는 회의적이다.

컨설팅을 담당하게 되는 교사가 가지고 있는 수업 방식 전체를 컨설팅 의뢰자가 합당하다고 판단하는 것은 아니기 때문이다. 물론 컨설팅 의뢰자는 배우는 자세로 자신의 수업에 대해 반성하고 개선하고자 해야겠지만, 컨설턴트의 수업 방식 중 어느 부분에는 동의하지 않을 수도 있기 때문이다. 이러한 부분에 대해 컨설팅 회의를 통해 조정과 협의의 과정을 거치겠지만, 지나치게 광범위한 컨설팅의 목표는 오히려 효과를 반감시킨다고 생각한다. 오히려 구체적인 컨설팅의 목표를 설정하여 그 점을 중점적으로 배우고 개선시켜 나가는 것이 효과적일 것이다. 예를 들어 '글쓰기 수업에서 협동학습 모형의 적용 방안', '요약하기를 위한 직접 교수법의 효과적인 적용 방안', '학생 참여를 유도하는 다양한 수업 기술의 적용'의 식으로 목표를 설정한다면 컨설턴트나 컨설팅 의뢰자나 명확한 목표의식을 가지고 보다 효율적인 논의를 할 수 있을 것이다.

앞에서 제시한 것처럼 컨설팅 의뢰자가 개선해야 할 점이라고 생각하는 부분에 뛰어난 능력을 가진 컨설턴트에게 구체적인 목표의식을 가지고 컨설팅을 의뢰했을 때, 만족스러운 결과를 가져올 수 있을 것이라 생각한다. 경력 교사의 컨설팅이기에 더욱 그러함은 물론이다. 경력 교사는 누구나 나름대로의 수업 노하우를 만들어왔을 것이다. 그것이 수업의 개선을 방해하는 고착화된 수업 습관에 지나지 않을 수도 있지만 컨설팅의 필요성을 스스로 인식하고 컨설팅을 의뢰할 정도의 교사라면 자신의 문제점을 파악하려는 열린 마음을 가진 교사라고 봐도 무방할 것이다. 지나치게 광범위한 목표 설정은 중요한 개선점에 대한 컨설팅의 집중을 힘들게 하고, 오히려 부차적인 수업 스타일에 대한 지시로 불필요한 불협화음을 만들 수 있고, 자칫 컨설턴트와 의뢰자 간의 신뢰를 해칠 수도 있기 때문이다.

다. 수업 분석지 및 각종 양식을 필요에 따라 재구성하여 활용한다면

컨설팅 과정에서 자기 수업 진단과 수업컨설팅 이후 수업분석 등 자기 관찰이든 컨설턴트의 관찰이든 분석을 위한 분석지가 다양하게 활용되었다. 이러한 수업 분석지는 수업이 가지고 있어야 할 필수 구성 요소를 단계별로 나누어 해당 구성 요소들에 대한 준비도 혹은 충족도 등을 파악할 수 있도록 작성된 것이었다. 수업이 갖추고 있어야 할 요소들에 대해 수업자나 관찰자가 빠짐없이 챙겨볼 수 있도록 만든 수업 분석지는 수업 전반에 대해 돌아보고 평가해 볼 수 있어 좋은 점이 있었다.

다만 목표가 보다 구체화되어 있는 수업컨설팅의 경우 이러한 양식이 필요에 따라 재구성되어 사용되어야 할 것이라는 생각이 들었다. 수업 전반의 모든 구성 요소에 대한 답을 요구하는 수업 분석지는 구체적인 목표를 가지고 임하는 수업컨설팅의 경우 다소 불필요한 항목도 포함될 수 있기 때문이다. 이럴 경우 분석지의 작성이 형식적인 답을 채워 넣는 요식 행위가 되어 자칫 컨설팅의 부담 요인으로 작용할 수 있기 때문이다.

주요 목표와 관련된 내용은 최대한 자세하게 작성하여 컨설팅을 위한 기초 자료 및 분석 자료로 기능할 수 있도록 하고, 그 외 생략해도 무방한 것이나, 컨설팅의 주요 목표에서 거리가 있는 것은 간략히 작성할 수 있도록 해야 할 것이다. 자칫 컨설팅을 잘하기 위해 필요한 양식이 컨설팅을 방해하는 요인이 될 수도 있기 때문이다.

교수·학습 과정안 역시 수업의 과정과 내용을 최대한 잘 설명할 수 있는 양식으로 변형하여 사용할 수 있을 것이다. 컨설턴트와 의뢰자가 직접 만나서 협의할 수 있다면 좋겠지만, 여건 상 매번 만날 수 없다면 수업에 대한 논의는 교수·학습 과정안을 토대로 이루어질 수밖에 없다. 그렇다면 수업의 과정이 잘 드러나야 하는 것은 당연하다. 하지만 교사 활동과 학생 활동으로 구분되어 있는 교수·학습 과정안은 가끔 수업 과정을 매끄럽게 설명하지 못하는 경우가 있다. 정해진 칸에 따라 작성하다 보면 수업의 과정을 연결하여 보여주지 못할 때가 있기 때문이다. 따라서 수업의 과정이 잘 드러난다면, 교수 · 학습 과정안을 비롯한 각종 양식과 자료들의 형식은 융통성 있게 사용하는 것이 좋다고 생각한다. 교사 활동과 학생 활동으로 나뉘어 있는 양식은 교수 · 학습 활동으로 통합하여 수업 전체의 흐름이 하나의 이야기처럼 전개될 수 있도록 한다면 컨설팅에 보다 도움이 되지 않을까 생각된다.

라. 수업 컨설턴트는 힘들다!

수업컨설팅에 임하면서 새로이 느낀 점 중 하나는 컨설팅을 받고 있는 의뢰자가 느끼는 부담과 컨설턴트가 느끼는 부담감에 큰 차이가 없다는 점이었다. 수업컨설팅을 의뢰한 교사는 자신의 수업을 공개하고 문제점을 진단하고 고쳐나가 수업을 개선하는 과정에서 수업 연구에 대한 부담감뿐만 아니라 심리적인 면에서도 많은 부담을 느끼기 마련이다. 수업 공개 경험이 있는 교사라면 이 점에 대해 누구나 공감할 것이다. 더구나 작정하고 내 수업을 고치기 위해 시작한 수업 공개라면 더욱 그러할 것이다.

그러나 컨설팅이 진행되는 과정에서 살펴보니 컨설턴트 역시 컨설팅 의뢰자와 같은 종류의 부담감을 느끼고 있다는 것을 알 수 있었다. 수업의 정확한 진단을 위해, 그리고 의뢰자가 요구하는 문제에 대한 충분한 개선책을 내놓기 위해서 컨설턴트는 의뢰자 못지않은 연구와 고심이 필요하기 때문이다.

컨설턴트의 고충이 더욱 이해가 되었던 것은 교육실습생 교육을 6주간 진행한 후이다. 초임 교사의 수업컨설팅에 준하는 교육실습생 교육은 무척 고된 작업이었다. 수업 계획부터 수업 실행까지 수업 내용과 관련된 모든 사안에 대한 점검과 지도, 훈련은 생각보다 많은 시간과 노력을 요하는 작업이었다. 수업 목표에 부응하는 활동 내용 마련부터 발문, 학습 정리, 상황별 대처 요령, 각종 양식 작성 요령 등등 교육실습생의 지도안을 몇 번이나 읽고 협의하고 고치기를 반복했는지 모른다. 수업을 하고 난 이후의 거의 모든 시간을 교육실습생 교육에 매달렸다고 해도 과언이 아닐 것이다.

수업 입문격인 교육실습생에 대한 교육으로 수업 전반에 대한 지도였기 때문에 더욱 그러할 수도 있지만, 경력 교사에 대한 컨설팅도 이에 못지않을 것이라 생각한다. 아니 더욱 더 많은 시간 투자와 심리적 부담감이 요구될 것이다. 경력 교사이기 때문에 수업 전반에 대한 기초적인 지도는 필요하지 않더라도 개선이 필요한 부분에 대한 정확한 요구 사항이 있고 이러한 것에 부합할 수 있는 효과적인 개선책을 제시해 주거나 함께 찾아가는 능력이 요구되기 때문이다. 그러기 위해서 컨설턴트가 수업 분석과 연구에 투자했을 시간은 짐작이 되고도 남음이다.

따라서 수업컨설팅을 수행하는 컨설턴트에게는 이에 필요한 시간을 확보해 주는 것이 매우 필요하다고 생각한다. 컨설팅 업무를 학교 업무 분장 사무의 하나로 배정해서 진행할 수 있게 하거나, 수업컨설팅 업무만을 전문적으로 하는 팀을 구성하여 파견 근무 형식으로 컨설팅을 지원할 수 있도록 하는 등, 실질적인 연구 및 컨설팅 지원을 위한 시간 확보가 이루어져야 그만큼 전문성이 담보될 수 있다고 생각한다.

마. 나의 수업을 가장 길고 깊이 있게 들여다 볼 수 있는 시간을 가졌다.

수업컨설팅을 처음 시작했을 무렵에는 '수업컨설팅'이란 용어부터 상당히 낯선 것이었다. 게다가 일반 공개 수업과 비교했을 때, 꽤 긴 기간 동안 여러 차시에 걸쳐 수업 공개 및 컨설팅이 이루어져 적지 않게 부담이 되었다. 처음 보는 다양한 형식의 컨설팅 관련 양식들도 낯설기는 마찬가지였다. 수업컨설팅을 맡아주신 선생님과도 수업에 어떻게 접근해 나갈 것인지에 대한 협의 해 나가는 것이 어색했고, 어떤 이야기부터 풀어나가야 하는 지도 막막했다.

자기 수업에 대한 진단을 시작으로 컨설팅의 주안점을 잡고, 컨설팅의 횟수를 더해감에 따라, 이러한 어색함은 사라져가기 시작했고 수업에 대한 구체적인 개선 방안에 대해 서로 의견을 나누고, 방법을 찾아갈 수 있었다.

수업컨설팅 과정에서 얻은 가장 큰 소득은 나의 수업을 가장 길게, 그리고 깊이 있게 들여다 볼 수 있는 시간을 가졌다는 점이다.

앞서 말했듯이 수업 공개는 자신의 수업에 대한 반성과 연구의 기회를 줄 수 있는 가장 좋은, 그래서 부담스러운 장치라 할 수 있다. 수업컨설팅 과정은 수업 전문가인 컨설턴트에게 자신의 수업을 공개함과 동시에 개선책을 찾아가는 과정이기 때문에 나의 수업을 객관적으로 살펴보고, 더 나은 방법을 찾기 위한 연구에 노력을 기울일 수 있었던 것 같다. 컨설팅을 위한 수업 차시가 거듭됨에 따라, 이미 찾은 부족한 점에 대한 개선책의 적용은 보다 수월해졌고, 새로운 개선 방안에 대한 연구 또한 한결 용이해진 것도 사실이다.

컨설팅 과정에서 아쉬웠던 점은 한 분의 컨설턴트와 컨설팅이 이루어져 수업에 대한 보다 다양한 컨설팅은 어려웠다는 점이다. 물론 한 분의 수업 노하우를 깊이 있게 접하고 적용해 볼 수 있었다는 점은 장점임에 분명하다. 여기에 자신이 판단한 다른 문제점들을 개선할 수 있는 다양한 컨설턴트를 만날 수 있다면 더욱 좋을 것이다. 더불어 생각한 점은 수업 방법 면에서는 교과 간의 경계를 굳이 따지지 않고 실행할 수도 있을 것이라는 점이다. 타 교과에서도 수업 방법 면에서 적용할 점이 있다면 간단한 과정을 거쳐 컨설팅이 이루어질 수 있을 듯하다.

교사의 수업 전문성은 교사가 갖추어야 할 가장 근본적인 능력이다. 수업 개선을 위한 교사의 노력은 보다 효율적인 방법으로 전문적으로 이루어져야 할 것이며, 그에 대한 대안으로 수업컨설팅이 제시되고 있는 것이다.

자신에게 없는 강점을 가지고 있는 컨설턴트에게 수업을 공개하고 함께 문제점을 찾아 개선책을 마련해 감으로써 어느 한켠 비어 있는 수업에 더운 입김을 불어넣어 줄 방법으로 컨설팅을 마주해 보는 것은 어떨까?

수업을 공개하는 것에 대한 심리적인 부담감은 낮추고 좋은 수업 노하우를 차진 동료에게 배우고자 하는 의욕을 높인다면 수업컨설팅은 내 수업의 새로운 활력소가 될 것이다.

♣ 수업컨설팅에 대한 예비교사의 소감

'교육 실습생'이라는 이름으로 학생들 앞에 선생님으로서 수업을 한다는 것은 쉬운 일이 아니었다. 수업을 계획하면서 단원, 그 단원에 맞는 학습목표, 학습활동을 짜는 것도 조심스러웠고 과연 이런 활동들로 학습목표가 잘 달성될 수 있을지, 수업은 내 계획대로 이루어질 수 있을지, 내가 생각한 활동들이 아이들에게 도움이 될까 하는 두려움도 컸다. 다행히 교과 담임 선생님께서 세심하고 꼼꼼하게 지도해 주셨다. 수업 기법, 발문, 학습 목표 선정과 활동 구성 등에서 많이 가르쳐 주셔서 좀 더 안정적이고 침착하게 계획된 수업을 할 수 있었다.

가. 첫 수업 준비는 너무 고민이 많고 가닥이 없었다.

내가 맡은 중학교 3학년 국어 '읽기와 토의' 단원은 차시를 나누는 것부터 쉽지 않았다. 단원의 학습목적이 일반적으로 생각하는 토의, 토론 활동 자체를 하는 것이 아니라 글을 읽고 글과 관련된 생각을 다른 사람과 교환함으로써 편협한 생각에서 벗어나 그 글을 깊고 넓게 이해하는 것을 목적으로 하는 토의활동을 해야 했다. 글을 읽히는 것도 중요하고, 그 글과 관련된 다른 사람의 생각을 듣는 것도 중요했기 때문에 어느 부분에 초점을 맞춰 시간 배분을 해야 할지, 활동을 어떻게 나눠야 할지, 참 많은 고민을 했다. 교과 담임 선생님과 같은 단원을 수업하는 동료 교생 언니와 하루에도 몇 차례씩 지도안을 수정한 적도 있었고, 하루에 3개 반을 수업하는데, 같은 차시를 가지고 반마다 조금씩 다른 수업순서와 자료, 활동을 구성한 때도 있었다. 1차시는 본문을 읽히고 날개 지문에 답을 하는 것이라 별 무리 없이 잘 진행이 됐었는데 2차시 준비가 까다로웠다.

본문에 나와 있지 않은 문인들에 대해서도 알아야 하고, 그들에게서 본받을 점도 찾아야 하고 이를 바탕으로 글과 관련된 토의 주제를 정하는 일까지 한 시간 안에 다 해야 했다. 우선 학생들의 발표와 적극적인 토의 참여를 북돋아야 했고, 본문에 나와 있지 않은 문인들을 익히기 위해 단순한 글 자료는 지루할 염려가 있으므로 사진, 그 문인들의 대표작, 관련 영상, 연보와 같은 다양한 자료를 시간 안에 동원해야 했다. 동기유발 자료도 몇 차례나 수정했을 정도로 쉽지 않은 차시였다. 그래서 컨설팅 할 때도 수업시간에 비해 해야 할 활동들이 너무 많은 것이 항상 과제였는데, 2차시에 토의주제까지 선정하는 활동이 끝나야만 3차시 토의활동을 할 수 있었기 때문에 양을 줄일 수도 없었다.

직접 학생들과 수업하러 들어가기 전에 예비수업을 할 때는 학생들의 반응을 알 수 없는 상태여서 나만 계획적으로 침착하게 수업을 이끌어 가면 할 수도 있겠다 싶었는데 직접 수업 들어가서 보니, 엉망이었다. 1차시 수업이 순조로웠기 때문에 2차시 수업에 대한 충격과 절망감은 컸다. 개별활동과 모둠활동이 한 시간에 함께 이루어져 학생들을 통제하는 것에서 어려움을 겪었고, 학습지가 너무 추상적으로 만들어져서 생각보다 학생들이 너무 어려워해서 당황했다. 시간 안에 활동들도 다 못 끝내고 교실을 나와서 절망적인 마음으로 컨설팅을 받았다.

나. 컨설팅을 통해 수업에서 고려해야 할 사항이 많다는 사실을 실감하였다.

학습지, 동기유발 자료, 전시학습 확인자료, 활동에 들어가는 자료 거의 모두를 수정했다. 수업 전개 단계에서 해야 할 활동들이 그렇지 않아도 많은데 도입단계까지 너무 많은 자료를 사용했던 것이 가장 큰 문제였다. 학습지도 간단하게 수정하고, 도입부분의 자료들을 과감하게 줄이고 나니, 전개단계의 본 활동들을 훨씬 수월하게 진행할 수 있었다. 아이들 앞에서 수업을 하기 위해서는 참 많은 부분들을 고려해야함을 다시 실감했다. 부정적이기 보다는 긍정적인 자료로 동기유발을 할 것, 문자자료 보다는 적절한 이미지나 영상자료가 효과적이고, 한 순간도 아이들에게서 눈을 떼면 안 되고 긴장하고 있어야 수업에 집중시킬 수 있다는 것을 배웠다. 매시간 수업이 끝나고 나서 했던 컨설팅으로 계속 수업계획을 수정하느라 정신이 없었는데 덕분에 항상 부족했던 시간배분 문제가 교과 대표 수업할 때는 극복됐다.

많이 생각하고 손봐서 한 수업이라 잘했다고 생각했었는데 다시 생각해보면 아쉬웠던 부분들이 너무 많다.

다. 수업컨설팅을 받고나서 발전된 나의 모습에 감동을 받았다.

아이들이 이 활동들을 통해 본문의 글을 더 깊고 넓게 이해해서 잠재적인 창의력을 끌어낼 수 있었을까를 생각하면, 아직도 불안하다. 지도안과 컨설팅 한 자료들을 모아서 보니, 처음에 계획했던 것과 실제 수업한 것이 정말 많이 달라져 있었다. 목표는 같은 수업이었는데 이렇게 달라질 수도 있구나 하는 놀라움이 컸다. 그리고 수정된 지도안이 훨씬 구조적이고 체계적으로 보여서 컨설팅 받고 수정하느라 힘들었지만 이렇게까지 발전할 수 있구나 하는 부분에서도 느낀 바가 컸다. 실제 학생들 앞에서 하는 수업과 계획만 가지고 하는 수업은 하늘과 땅 차이였다. 학생들의 반응정도가 수업의 흐름을 결정한다는 것을 가장 크게 느꼈다. 교사에게는 교과전문지식이 가장 중요하다고 생각했었는데 아이들을 다루고 반응하게 만들 수 있는 경험과 능력의 필요성을 절감했다. 컨설팅 때 교과담당 선생님께서 이 부분에서 많은 도움을 주셔서 처음에 학생들을 통제하지 못해서 생겼던 어려움을 극복할 수 있었다.

2. 수업컨설팅의 효과

여기에서 구안 적용한 수업컨설팅 일반모형과 예비교사 수업컨설팅 모형은 컨설팅의 방법과 절차를 구체적으로 제시해주고 있기 때문에 이를 실제 수업컨설팅에 적용하는 데 용이하였으며, 또한 의뢰교사와 컨설턴트 교사가 동등한 입장에서 컨설팅을 수행함으로서 의뢰 교사는 수업개선을 통해 수업의 질이 향상되었고 아울러 컨설턴트 교사의 컨설팅 능력 향상에도 많은 도움을 주었을 것으로 생각된다.

그리고 수업컨설팅 절차를 적용하여 몇 차례 컨설팅을 반복적으로 실행함으로써 자기의 수업 개선을 원하는 교사나 예비교사에게 일회적인 문제 해결이 아니라 근본적인 문제해결능력을 길러주어 수업에 더 많은 자신감을 가져다주었다. 아울러 교내 수업컨설팅은 컨설턴트와 의뢰인이 수평적인 컨설팅 과정에서 상호 신뢰를 높여 주어 즐거운 교직풍토 조성에도 기여할 수 있었다.

3. 수업컨설팅 활성화 과제

위와 같은 수업컨설팅의 효과에도 불구하고 앞으로 더 수업컨설팅을 개선하고 활성화시키기 위해서는 다음과 같은 몇 가지 과제들을 해결해 나아가야 할 것이다.

가. 수업컨설팅을 위한 수업 공개 풍토 정착

학교에서 수업 공개 기피의 정도는 교사들에게 향하는 시선과 관심의 크기에 비례할 수 있다. 대부분의 사람들이 교사는 능력이나 품성에서 완벽해야 한다고, 그것이 당연한 것처럼 여긴다. 하지만 예비교사 프로그램 교육 과정이나 현직 교사의 재교육 과정에서 교사의 수업 전문성을 신장시킬 수 있는 프로그램이나 체제는 미미하다고 할 수 있다. 결국 교사는 전문적인 훈련을 받을 기회를 갖지 못한 상황에서 완벽한 전문성을 이미 갖추고 있기를 바라는 것이다.

수업 공개는 수업전문가로서 자신을 돌아볼 수 있는 첫 작업이다. 뿐만 아니라 수업을 공개하고 자신을 온전히 드러내주는 교사가 없다면 수업컨설팅도, 수업전문성 신장도 그 발을 내딛기 어렵다. 따라서 수업컨설팅의 정착은 수업공개 문화와 풍토의 정착으로부터 시작된다.

이를 위해서 먼저, 초임 교사의 수업 공개와 교사 멘토링부터 제도화해야 한다. 초임 교사는 최소 몇 년간 수업을 공개하고, 멘토 교사를 정해 학교생활에 대한 적응과 효과적인 수업 기술 습득을 도모해야 한다(이화진 · 오상철 · 홍선주, 2007).

나. 전문적인 수업 분석을 위한 훈련과 연수

일반적으로 일정한 경력을 지닌 수업 우수 교사를 컨설턴트로 선정하여 수업컨설팅을 실시하는 경우가 많기 때문에, 체계적인 훈련과 연수과정이 없이 바로 컨설팅을 시작한다는 문제점이 있다.

전문적인 교과 수업컨설팅이 되기 위해 가장 중요한 과정은 수업분석 과정이다. 이것이 교과 전문적으로 이루어지지 않을 경우 진단, 처방은 효력을 발휘할 수 없기 때문이다. 교사 스스로 수업을 반성하고 점검하기 위해 자신의 수업을 분석 할 경우, 또는 전문 컨설턴트로서 다른 교사의 수업에 대해 적절한 진단과 처방을 내려야 할 경우 수업 분석은 가장 집중적으로 훈련되어야 하는 부분이다. 수업 관찰을 위한 기준이나 관점이 정해져 있어 그에 맞게 수업을 읽어내는 능력, 수업컨설팅 요소를 찾아내기 위해 수업을 보고 협의하면서 수업의 문제점을 정확하게 읽어내는 능력은 전 수업컨설팅 과정에서 가장 중요한 과정이다.

다. 전문적인 교과 수업컨설턴트의 양성

수업 전문성은 교과 내용과 교수법의 혼합체로서 내용 교수법(PCK)이 수업 속에서 적절하게 구현되고 있는가의 여부와 가장 크게 관련되어 있다. 수업에서 교사의 교과 지식이나 기술 또는 교수법적 지식이나 기술이 따로 존재하지 않으며, 다른 수업과 가장 차별되는 전문성이 바로 교과의 내용 교수법에 대한 전문성이기 때문이다. 따라서 교과의 수업컨설팅은 전문적인 교과 수업컨설턴트에 의해 이루어져야 한다(이경언, 2007).

효과적인 수업컨설팅은 유능한 컨설턴트의 양성에서 출발한다고 볼 수 있다. 이를 위해서는 수업 컨설턴트의 양성을 위한 교육훈련 프로그램 개발이 선행되어야 하며 또한 의뢰인이 컨설팅을 받고자 하는 항목별로 컨설턴트를 확보하고 있어야 한다.

라. 수업컨설팅 지원체제 구축

수업컨설팅에 대한 연구 개발이 강화되고 실천의 노력들이 확산되기 위해서는 지원체제의 구축 또한 필수적이다. 교사의 전문성 신장을 위한 노력들은 수업컨설팅을 활성화시킬 것이고 수업컨설팅의 활성화를 위해서 지원체제가 구축되어야 한다(서우석 · 류희수 · 여태철, 2008).

마. 동료교사의 수업컨설팅 활성화

교내에서 교사 중심의 수업컨설팅이 활성화되려면 일반 컨설턴트와 교과별 컨설턴트를 미리 선정하여 연수를 시키고 다양한 컨설팅을 지원할 수 있도록 그들의 역할과 업무를 구체화한다. 아울러 수업 부담을 경감하여 일정 기간 동안 컨설팅 업무에만 전념하도록 하는 방안도 필요하다.

참고문헌

강영삼(1998). "학교 조직특성에 따른 장학문화의 차이에 관한 연구". 교육행정학 연구, 16(1), pp.136-179.

고재천(2001). "초등교사의 전문성 탐색". 초등교육연구, 14(2), pp.159-179.

곽영순 · 강호순 · 남경식 · 백종민 · 방소윤(2007). 수업컨설팅 바로하기. 서울: 원미사.

김도기(2010). "수업컨설팅의 이해". 국립사범대학부설중 · 고등학교연합회 주최. 2010 국사련 워크숍: 교원의 전문성 함양을 위한 수업컨설팅 활성화 방안 기조 강연 논문. pp.3-24.

김병찬(1995). "교내장학 과정에 대한 문화기술적 연구: 연구수업 운영과정을 중심으로". 서울대학교 석사학위논문.

김정원 · 유균상 · 강영혜 · 정수현 · 김미숙 · 손연아 · 박은실 · 박영훈 · 이윤미 · 이명실(2002). 학교 교육개혁 지원을 위한 학교 컨설팅 사업(Ⅲ). 한국교육개발원.

박남기(2000). "초등교직의 전문성 문제와 확보 방안". 초등교육연구, 13(2), pp.239-254.

변영계 · 김경현(2005). 수업장학과 수업 분석. 서울: 학지사.

서우석 · 류희수 · 여태철(2008). 수업 컨설팅 이렇게 하라. 서울: 교육과학사.

설규주(2007). 사회과 수업컨설팅 모형 개발. 학교 컨설팅과 수업컨설팅의 과제와 전망. 경인대학교 산학협력단 · 서울대학교 학교 컨설팅 연구회 공동 세미나 자료집.

심덕보(1994). 수업분석의 실제. 서울: 도서출판 예원당.

이경언(2007). "교과 수업컨설팅 지원 프로그램 개발의 방향과 사례". 열린교육실행연구. 제10호. pp.65-80.

이용숙(2007). "수업컨설팅의 방향". 열린교육실행연구. 제10호. pp.3-30.

이윤식(1999). 장학론 : 유치원 · 초등 · 중등 자율장학론. 서울: 교육과학사.

이창형(1994). "초등학교 교내 자율장학에 관한 문화기술적 연구". 국민대학교 박사학위 논문.

이화진 · 오상철 · 홍선주(2006). "수업컨설팅 지원 및 활성화 방안-문제점, 프로그램 지원, 정책 제언을 중심으로". 열린교육실행연구. 제10호. pp.33-63.

정석기(2008). 좋은 수업설계와 실제. 서울: 원미사.

정영옥(2010). "예비교사의 수학 수업컨설팅 사례: 자연수의 나눗셈 수업을 중심으로." 경인교육대학교 교육논총. 제30권 제1호. Vol.30, No.1, pp.49-83.

정태범(2002). 장학론. 서울: 교육과학사.

정혜영(2002). "전문성 향상을 위한 초등교사 양성교육 프로그램 개선방안". 초등교육연구, 15(2), pp.425-456.

조민호 · 설증웅(1999). 컨설팅 프로세스. 서울: 새로운 제안.

조민호 · 설증웅(2008). 컨설팅 입문. 서울: 새로운 제안.

진동섭(2003a). 학교 컨설팅. 서울: 학지사.

진동섭(2003b). "교원 전문성 신장을 위한 학교 지원체제 구축방안 연구". 한국학술진흥재단 수탁 연구(KRF-2000-046(003)).

진동섭 · 김도기(2005). "컨설팅 장학의 개념 탐색", 교육행정학 연구. Vol.23, No.1, pp.1-25.

진동섭 · 김효정(2007). "학교컨설팅의 원리 분석", 교육행정학연구, 25, No.1, pp.25-50.

진동섭 · 홍창남 · 김도기(2010). 학교경영컨설팅과 수업컨설팅. 서울: 교육과학사.

최상근 · 임연기 · 김정원 · 류방란 · 신상명 · 이윤미 · 최돈형(2000). 학교교육개혁 지원을 위한 학교 컨설팅 사업(Ⅰ). 한국교육개발원.

한국교육과정평가원(2006a). 과학과 수업컨설팅 및 내용 교수법(PCK) 연수 교재.

한국교육과정평가원(2006b). 사회과 수업컨설팅 및 내용 교수법(PCK) 연수 교재.

홍창남(2002). "학교경영컨설팅의 개념 모형 탐색". 서울대학교 대학원 석사학위논문.

Bellman, G. M.(2002). The Consultant's Calling: Bringing who you are to what you do, new and revised edition. 이강락 · 강경훈 · 강민정 역(2003). 컨설팅 프로페셔널. 서울: 21세기북스.

Erchul, W. P. & Martens, B. K.(1997). School Consultation: Conceptual and Empirical Bases of Practice. New York and London: Plenum Press.

Gallessich, J.(1982). The Profession and Practice of Consultation. San Francisco, CA: Jossey-Bass Publishers.

Kubr, M.(1997). How to select and use consulyants(2nd Ed.). ILO. 한종극 · 정태연 역(2000). 컨설턴트의 선정과 활용. 서울: 새로운 제안.

Kubr, M.(2002). Management consulting: A Guide to the Profession(4th ed.). Geneva: International Labour Office.

Lloyd, M. P. & Packer, S.(1994). "Educational consultancy in small states: a source book". London: Commonwealth Secretariat. [ED 389 491]

Marks, E. S.(1995). Entry Strategies for School Consultation. New York: Guilford Press.

Meyers, J., Parsons, R. D., & Martin, R.(1979). Mental health consultation in the schools: A comprehensive guide for psychologists, social workers, psychiatrists, counselors, educators, and other human services professionals. San Francisco: Jossey-Bass.

Shulman, L.(1987). Knowledge and teaching: Foundations of the new reform. Harvard Educational Review, 57(1), 1-22.

Sugai, G. M. & Tindal, G. A.(1993). Effective School Consultation: An interactive approach. Pacific Grove, California: Brooks/Cole Publishing company.

Weinberg, G. M.(1986). The Secrets of Consulting. 홍성완 역(2004). 컨설팅의 비밀. 서울: 인사이트.

찾아보기

【인명 색인】

【내용 색인】

ㅇ

ㅈ

저자소개

♣ 정 석 기 (丁 錫 奇)

- 공주사범대학 졸업
- 전남대학교 교육대학원 교육학석사(교육행정)
- 전남대학교 대학원 교육학과 교육학박사
- 중 · 고교 교사
- 광주광역시교육연수원 교육연구사
- 광주광역시교육청 장학사 · 장학관
- 광주광역시교육연수원 강사
- 전남대학교 사범대학 및 교육대학원 강사
- 조선대학교 사범대학 강사
- 전남대학교사범대학부설중학교장
- 현재) 광주광역시 교육과학연구원장

〈저서〉
- 수업기술 향상을 위한 좋은 수업설계와 실제(원미사, 2008)

〈논문〉
- 학교경영에 있어서 조직학습체제 모형 연구(2001)
- 탐구적인 지형도 학습을 통한 지리적 문제 해결능력의 신장(1986)
- 학교 및 학급 사태에 따른 학급 담임의 부적응 학생 지도(1982)
- 학교장의 리더십 유형과 그 유효성 및 조직성과와의 관계(1981)

♣ 조 미 희 (趙 美 熙)

- 전남대학교 사범대학 지구과학교육과
- 전남대학교 교육대학원 교육학석사(지구과학)
- 전남대학교사범대학부설중학교
- 현재) 광주북성중학교 교사

〈논문〉
- 지구과학 수업에서 MBL이 중학생들의 그래프 능력에 미치는 효과(2010)

개정판

수업컨설팅의 이해와 적용

초판발행	2011년 10월 31일
개정판인쇄	2015년 9월 20일
개정판발행	2015년 9월 25일
저 자	정석기 · 조미희
펴낸이	안상준
편 집	한현민
기획/마케팅	이선경
표지디자인	홍실비아
제 작	우인도 · 고철민
펴낸곳	(주)박영story 서울특별시 마포구 월드컵북로 400, 5층 2호(상암동, 문화콘텐츠센터) 등록 2014. 2. 12. 제2014-000009호
전 화	02)733-6771
f a x	02)736-4818
e-mail	pys@pybook.co.kr
homepage	www.pybook.co.kr
ISBN	979-11-85754-23-9 93370

정 가 12,000원